Wenn Worte blühen

Wenn Worte blühen

– Literatur de luxe –

BAND V

Herausgegeben von
Thomas Helmer

FRIELING

Was die geneigten Leser vorab wissen sollten:

Wir geben unseren Autoren die Freiheit, selbst über den Gebrauch von alter, neuer oder Schweizer Rechtschreibung zu entscheiden, daher variiert auch die Schreibweise in dieser Anthologie.

Bibliografische Information der Deutschen Nationalbibliothek
Die Deutsche Nationalbibliothek verzeichnet diese Publikationsreihe in der Deutschen Nationalbibliografie; detaillierte bibliografische Daten zur Reihe sind im Internet über http://dnb.d-nb.de abrufbar.

© Frieling-Verlag Berlin
 Eine Marke der Frieling & Huffmann GmbH & Co. KG
 Rheinstraße 46, 12161 Berlin
 Telefon: 0 3 0 / 75 69 99-0 · Fax: 0 3 0 / 7 74 41 03
 Internet: www.frieling.de · E-Mail: redaktion@frieling.de

ISBN 978-3-8280-3632-1
Auch als E-Book erhältlich (ISBN 978-3-8280-3633-8).
1. Auflage 2022
Umschlaggestaltung: Michael Reichmuth (Foto: Fluydine - stock.adobe.com)
Sämtliche Rechte an den einzelnen Beiträgen sind den Autoren vorbehalten.
Printed in Germany

INHALTSVERZEICHNIS

Vorwort des Herausgebers 9

ELISA ADAM 11–16
Das Leben geht, steht, und manchmal fühlt es sich an
wie im Winde verweht • So viel Liebe • Ich wünschte •
Generation „zu viele Option'n" • Meeresrauschen

GERHARD ALTHOF 17–21
Einige Meter Vergangenheit

CHRISTIAN BARSCH 23–28
KRRZWPPS

BURTCHEN BATAINEH 29–39
Reflexionen über den Sinn meines Lebens

FRIEDEBERT BLUMENSTEIN 41–45
Herbstgedanke • Das letzte Gesicht • Nachruf auf Mariss
Jansons • Christrose blüht • Die alte Heimat • Herbstlied

DIETHELM MAX BUBBEL 47–49
Als Kind in die Dunkelheit

JOSHUA CLAUSNITZER 51–55
Deletia

REGINA FRANZISKA FISCHER *57–61*
HÄNDE ZUM LICHT • IM FRÜHLINGSRAUSCH
MIT DIR • L I E B E im christlichen Sinn

PAUL FRIEDRICH *63–77*
Frieda mit und ohne „e" • Urlaubsreise in den Tod?

DENISE GEIS *79–83*
Hoffnungslosigkeit und Hoffnungsschimmer

MARTA GOWORKO *85–91*
Ohne Wurzeln • Rotes Café • Heute also meine Kluft •
Liebe • Der letzte Tag eines besseren Morgens • Velours-
Tast • Ein Zusammenstoß mit der Realität

THOMAS HELMER *93–96*
Ich frage nur • Des Individuums Ohnmacht

MARC KAPPES *97–100*
Finem capere (zu Ende gehen) • Ein Maskenball

CHRISTINA LINGENHÖL *101–102*
Echtes Leben

JOANNA MASSELI *103*
WENN WORTE BLÜHEN

GÜNTHER MELCHERT *105–139*
Die Jahre des Wolfs • Wölfe in der Nacht

JÜRGEN MOLZEN *141–143*
ALLTAGSFLUCHT I • ALLTAGSFLUCHT II • EINE
SELTSAME DAME IN AACHEN ... • DIES VÖGLEIN,
HIER AUF DIESEM ZWEIG, ...

KLAUS-LEO ORLOWSKI *145–148*
Russische Sprichwörter

ALICJA PAWEL *149–150*
Einen Liter

MARIA QUINIUS *151–152*
Halbe Pause • Das Einzige • Rückenwind • Den Einen

EVERT SANDERS *153–158*
Die Spur des Ochsen

SIEGFRIED SCHLEICHER *159–161*
4. Juni (2021) • Vogel des Jahres (2021) • Juli-Sonntag

MARTIN SCHRÖDER *163–166*
Blühende Worte

HARTMUT SCHUSTEREIT *167–177*
Gesellige Cineasten

ROSWITHA CHARLOTTE SCHWENK *179–180*
Bildbetrachtung • Der Karikaturist Wilhelm Busch

DAHEE TEM *181–182*
Lebenswelle • Frühlingsblüten

ROLAND WATZKE *183–187*
Magie • Auf der Suche • Hommage an die Ostsee • Der
alte Windflüchter (Darß) • Die Leistung des Dichters •
Betrachtungsweise • Die Heckenrose (für dich)

WOLFGANG A. WINDECKER *189–190*
Sekretär

INNA ZAGRAJEWSKI *191–192*
An die Hunde

Autorenspiegel *193–203*

Vorwort des Herausgebers

Sehr geehrte Leser*innen,
sehr geehrte Mitautor*innen,

persönlich freue ich mich sehr, gemeinsam mit dem Frieling-Verlag Berlin diesen neuen Band der Reihe „*Wenn Worte blühen – Literatur de luxe*" der Öffentlichkeit vorzustellen und zu präsentieren.

Wir Schreibenden haben für Sie, verehrte Leserinnen und Leser, nach dem lyrischen Motto „*Wenn Worte blühen*" wortreich und farbenfroh unsere Werke erarbeitet und für dieses Buch niedergeschrieben. Die Aussagekraft der unterschiedlichen Arbeiten in Form von Gegenwartslyrik und klassischer Poesie sowie ihre Wirkung sprechen für sich. Wir laden Sie ein, diesen Gedanken zu folgen und bei der Lektüre Ihre eigenen poetischen Bilder zu gestalten. Die ebenfalls sehr lesenswerten Prosatexte spiegeln die Mannigfaltigkeit des Schreibens wider. Mit viel Hingabe und innerlichem Bewusstsein wurden diese Arbeiten von den Beteiligten verfasst. Sie sind in Stil und Inhalt sehr kraftvoll und stehen somit ganz im Zeichen des zweiten Teils des Buchtitels: „*Literatur de luxe*".

Mit ihren in diesem Buch veröffentlichten Werken stehen die Autorinnen und Autoren für die langjährige Buch- und Literaturtradition des Frieling-Verlages in Berlin. Diese mehr als partnerschaftliche Zusammenarbeit zwischen dem Verlag und uns Kreativen ist der Grundstein für das hier nun vorliegende Buch.

Als Herausgeber bedanke ich mich beim Frieling-Verlag Berlin dafür, diese Basis geschaffen zu haben und unsere mit viel

Leidenschaft und Durchhaltevermögen geschaffenen Werke der Leserschaft zugänglich zu machen.

Mein persönlicher Leitsatz, welcher mich durch meine sehr lange schreibende Zeit begleitet, lautet: „Auch wir Autoren abseits der Weltbestsellerlisten bringen etwas zum Ausdruck und schreiben es für unsere Leserschaft nieder. Wir sind ein besonderer Teil des Literaturbetriebes, nahezu in einer anderen Tradition verwachsen."

Ich wünsche Ihnen, liebe Leser*innen, eine spannende Lesereise durch dieses Buch *„Wenn Worte blühen – Literatur de luxe"*.

Mein besonderer Dank gilt Ihnen, liebe Mitautorinnen und Mitautoren, Sie haben mit Ihrem Können und Wissen dazu beigetragen, dass dieses Werk erschienen ist und somit in voller Pracht erblühen kann.

Ihr „Autore"
Thomas Helmer
Waakirchen, im Februar 2022

ELISA ADAM

Das Leben geht, steht, und manchmal fühlt es sich an wie im Winde verweht

„Wie geht's dir?", schreibt er mir.
„Gut und dir?" – Trinkst du nach wie vor so viel Bier?
Wie ist es so, ohne Tochter zu leben?
Ist es wie ein Herbst ohne Regen?
Zwar bunt und mild,
doch da fehlt etwas in diesem Bild.
Doch du wolltest es so,
im Nachhinein bin ich darüber froh.
Fast acht Jahre ist es nun her
und der Gedanke daran fällt mir schwer.
Weißt du noch? Wir wollten zusammen im Herbst
        Drachen steigen gehen.
Doch diese Vorstellung konnte ich nur in meinen Träumen sehen.
Denn stattdessen gingst du lieber in eine Bar
& warst nicht für deine Tochter da.
Jetzt schreibst du mir diese kurze Nachricht per Mail –
das ist doch nicht dein Ernst, sondern ein Fail?!
Warum zur Hölle tust du mir das an?
Ich habe mittlerweile gelernt, wie man alleine
        einen Drachen basteln kann.
Denn auch ohne Abitur
blieb ich auf der richtigen Spur.
Dank dir konnte ich mich auf niemanden mehr verlassen
und mußte meine Träume ganz alleine anfassen.
Ich habe es geschafft, Gott weiß wie,
aber ich hoffe, du erkennst die Ironie.

Von deinen Lügen und leeren Versprechungen habe ich
      die Schnauze voll,
und ich frage mich ernsthaft, was deine Nachricht soll?!
Der Schmerz in meinem Herz reicht mir.
Drum sag ich jetzt Tschüß in bester Manier.
Obwohl ich dich in wichtigen Jahren nicht an meiner Seite hatte,
mach dir mal um mich keine Platte!
Also mir geht es gut,
denn ich trage in mir ganz viel Mut.
Wie es dir ergeht, interessiert mich nicht,
weil sonst nur wieder mein Herz zerbricht.
Dennoch laß es dir gut gehen,
aber ich mag dich nie wiedersehen.

So viel Liebe

Ich habe auf einmal so viel Liebe in mir
& weiß gar nicht, wohin mit ihr.
Als hätte ich gelernt loszulassen,
& nun fast alle Puzzleteile zusammenpassen.
Als wäre dieser Kanal bis hierhin irgendwie blockiert gewesen,
doch jetzt ist er gelöst, & ich fühle mich wie auf einem
   fliegenden Besen.
Es fühlt sich so gut an,
daß ich mein Glück kaum fassen kann.
Ich muß nur lernen, mir die Euphorie zu bewahren,
& darf mich nicht im Rausch des Glücks verfahren.
Denn ein guter, freier Mensch voller Liebe will ich sein
& das am liebsten mit so vielen, aber auch mit mir allein.

Ich wünschte

Ich wünschte, es wäre mir egal, ob ich Respekt verdiene
  oder Geld,
& manchmal wünschte ich, ich wäre mein eigener Alltagsheld.
Ich wünschte, ich wäre so stark, wie viele von mir denken,
& ich wünschte, ich könnte mich selbst von solchen scheiß
  Gedanken ablenken.
Ich wünschte, ich könnte immer alles so umsetzen, wie ich es
  mir vorstelle,
stattdessen entdecke ich meinem Leben nur noch eine
  Baustelle.
Ich wünschte, das würde mir nicht so auf die Nerven gehen
& ich könnte über sowas drüberstehen.
& ich wünschte, ich würde endlich einsehen,
daß es menschlich ist, sich Schwächen einzugestehen.
Manchmal fühlt sich „alles" einfach wie die Hölle auf Erden an,
aber man darf dann nie vergessen, daß es dann nur
  besser werden kann.

Generation „zu viele Option'n"

Generation „zu viele Option'n"
lebt so oder total monoton.
Zu viele Dinge, die man machen kann,
aber irgendwie fängt man keins davon an.
Stattdessen überlegt man lieber weiter
& kommt keinen Sprossen höher auf der Leiter.
Man muß ja auch an seine Zukunft und Familie denken,
& man darf sich bloß nicht mit Träumereien und Fantasien
          ablenken.
Also hat man eigentlich gar keine Wahl?
& verschiebt solche Gedanken einfach aufs „nächste Mal"?
Denn schließlich haben ja alle Erwartungen an ein'n,
& die sind wichtiger, als sich selbst treu zu sein.
Denn wenn wir wirklich so viele Optionen hätten,
warum ist das Leben dann manchmal so schwer, als hätte es
          Ketten?
Gibt es denn wirklich eine richtige Freiheit?
Oder reden wir uns das nur ein, damit uns der Trost bleibt?
Die Antwort will ich ehrlich gar nicht wissen,
sonst würde ich den Gedanken an Freiheit nur vermissen.

Meeresrauschen

Wie sehr genieße ich das Meeresrauschen
& den Wellen einfach nur zu lauschen.
Wie schön finde ich es, den Möwen beim Fliegen zuzusehen.
Ich kann dieser Landschaftsidylle einfach nicht widerstehen.
Um meine Nase herum weht eine See-Brise.
Es ist der Wahnsinn, wie sehr ich diesen Augenblick genieße.
Um mich herum ist keine Menschenseele.
Ein Moment, wo ich mich von der Realität davonstehle.
Ich bin einfach nur im Hier und Jetz'.
Wie sehr ich manchmal das Leben wertschätz'.
Also atme ich ein letztes Mal ein und wieder aus,
öffne meine Augen und schaue nochmal aufs Meer hinaus.

GERHARD ALTHOF

Einige Meter Vergangenheit

Der streng blickende, schon ältere Mann schob sein Fahrrad, neben dem auch ein Schäferhund an der Leine langsam eine Pfote vor die andere setzte, auf das Haus zu, in dem ich mit meinen Eltern wohnte. Mit gesenktem Blick ging ich neben ihm auf meinen Vater zu, der mit Gartenarbeiten beschäftigt war. Er staunte nicht schlecht, als der Mann – er war Wärter im nahegelegenen Stadtpark – ihm sagte, dass ich gestohlen hätte, und dabei auf den Beutel zeigte, den ich trug, in dem sich aufgesammelte Kastanien befanden. Das sei Diebstahl an Stadteigentum, betonte der Wärter mit selbstbewusster Miene, und der Hund bellte dazu.

Du, Vater, schautest mich streng an, maßregeltest mich leicht augenzwinkernd, dass man so etwas ja wohl nicht tun dürfe, und schütteltest dabei den Kopf. Ich entschuldigte mich und versicherte, so etwas nicht wieder zu tun. Dies tat dem Aufseher wohl ganz gut, denn er senkte seinen Kopf und nickte zustimmend. Er drehte sich um und ging; seinen Schäferhund hinter sich herziehend, der es sich bereits auf dem Fußweg bequem gemacht hatte.

Offenbar war er so zufrieden, dass er den Beutel mit den Kastanien vergessen hatte, den ich immer noch in der Hand hielt. Nachdem er außer Hörweite war, lächelte mein Vater und gab mir zu verstehen, sich absichtlich so verhalten zu haben, damit der Ordnungshüter so schnell wie möglich wieder verschwand. Ich war auch froh über das kurze Gespräch.

Jahrzehnte hatte ich nicht mehr daran gedacht, als ich am Grab meines vor über dreißig Jahren verstorbenen Vaters stand. Es sollte demnächst eingeebnet werden, damit jemand anderes seine letzte Ruhe dort finden konnte. Ich weiß nicht mehr, wie lange ich dort so verharrte; es fielen mir immer wieder Ereignisse mit ihm ein aus meiner Kindheit und Jugend. Im Nachhinein bin ich dafür dankbar, in dieser Zeit einen Vater wie dich an meiner Seite gehabt zu haben.

Danach sahen wir uns jahrelang nicht mehr, da ich in anderen Städten gelebt habe. Jedoch hätte ich gern mit dir noch einmal über die vergangenen Zeiten geredet; es wäre bestimmt amüsant gewesen, aber auch nachdenklich. Ich habe dir ja nicht immer Freude gemacht, doch zu mir gehalten hast du immer. Das hätte ich dir gern noch einmal gesagt.

Leider erhielt ich die Nachricht über deinen Schlaganfall sehr spät. Als ich im Krankenhaus ankam, warst du kurz vorher verstorben. Jetzt liegst du nicht einmal mehr in deinem besten Anzug im Sarg, nachdem du die ewige Ruhe nach einem fleißigen Leben gefunden hast. Es ist für mich nur schwer vorstellbar, dass du zu Erde geworden bist. Ich habe dich immer noch bildhaft vor Augen.

Die Gegenwart holte mich wieder aus meinen Gedanken an die Vergangenheit. Langsam ging ich dann vom Grab zum Büro der Friedhofsverwaltung, um das Einverständnis zur Auflösung deiner letzten Ruhestätte zu unterschreiben wegen Ablaufs der Liegezeit. Für einige Außenstehende warst du an diesem Tag lediglich eine Verwaltungsangelegenheit.

Beim Verlassen des Gebäudes dachte ich an meinen früheren Freund Paul, dessen Urne hier auch noch stehen musste. Bevor ich dort hinging, kaufte ich noch einen Strauß Blumen in der Friedhofsgärtnerei.

Es waren nicht einmal hundert Meter von der letzten Ruhestätte meines Vaters bis zu seinem Urnengrab, das ich bei meinem letzten Besuch in Hannover aufgesucht hatte. Ich ging mit langsamem Schritt, und es war aufwühlend für mich, wie viele Ereignisse mir wieder erschienen, von denen ich angenommen hatte, dass sie in einer dunklen Ecke meines Gedächtnisses auf ewig verschwunden wären.

Paul hatte gerade keine Beschäftigung in der Kulturwissenschaft, die er ja studiert hatte; auch seine sonstige Tätigkeit als Übersetzer von französischen Zeitungsartikeln konnte er mangels Aufträgen nicht ausüben. Also gab er eine Zeit lang Französischunterricht an verschiedenen Schulen, auch an der Abendschule, die ich damals besuchte.

Wir kamen während einer Pause irgendwie ins Gespräch und beschlossen, es später in Jochens Kneipe fortzusetzen. Bier und Korn schmeckten Paul besonders gut, und je mehr er davon trank, umso härter wurde seine Kritik an der damals bestehenden Gesellschaft. Auch Maos Kulturrevolution und die antiautoritäre Erziehung wurden auf hohem sprachlichen Allgemeinniveau abgehandelt. Kinder hatte Paul zwar nicht, aber er wusste gut Bescheid.

Andere am Tisch Sitzende und ich kamen kaum noch zu Wort, bis meine Mitstudierende Claudia vorschlug, neue Witze zu erzählen, die sie von ihrem Freund hatte. Aus der vorher etwas angespannten Atmosphäre wurde eine heitere. Paul beauftragte mich dann, beim Busenwunder vom Mississippi noch einige Biere zu bestellen. Ich war ziemlich verdutzt; da zeigte er auf die Bedienung. Lautes Gelächter am Tisch.

Der Abend dauerte länger als gedacht, und Paul lallte leicht, er komme nicht mehr nach Hause. Da ich in der Nähe wohnte, nahm ich ihn mit zu mir, wo er gleich auf das Sofa fiel und wohl schon im Fallen eingeschlafen war. Am nächsten Morgen wollte er zum Frühstück nur eine Tasse schwarzen Kaffee, zu der er eine Gitanes rauchte. Dies habe er sich in Paris angewöhnt, klärte er mich auf. Kurz danach stand er auf und verschwand, weil er irgendwo Unterricht geben musste. Doch vorher lud er mich noch ein zu seiner „Gesinnungsfreundin" Barbara.

Bei ihr gab es zuerst ein wohlschmeckendes Essen. Danach war das Zusammenleben von Mann und Frau das beherrschende Thema des Abends. Wir lachten viel, aber auch mehr ernst gemeinte Aussagen wurden geäußert. Dabei erfuhr ich, dass Paul schon seit einiger Zeit mit einer Lehrerin verheiratet war. Beide hätten sich vor ihrer Ehe eine fast totale Freiheit zugesichert, was er jetzt voll auskoste, und drückte dabei seine geistige Freundin an sich.

Wie auch schon am vorherigen Tag und bei noch folgenden Treffen ging es um aktuelle politische und philosophische Themen. Wie sollte es anders sein; natürlich auf hohem abstraktem sprachlichem Niveau. Konnten keine neuen Erkenntnisse erreicht werden, waren die diskutierten Probleme eben nicht zu lösen, zumindest nicht im Augenblick.

Mit der Zeit rückten mehr persönliche Angelegenheiten in den Vordergrund. Eines Tages kam Paul zu mir und teilte mir unter Tränen mit, dass seine Frau sich scheiden lassen wollte, weil er immer so viel allein unterwegs war. Ich versuchte ihn zu trösten. Dann, ein paar Tage später, war er plötzlich wieder in Paris, wo er nun für deutsche Zeitungen französische Artikel übersetzte. Ich habe ihn seitdem nie wiedergesehen. Seine Freundin Barbara teilte mir kurze Zeit später mit, dass er dort an einem Herzinfarkt gestorben sei, die Beisetzung seiner Urne habe aber bereits in Hannover stattgefunden.

Manchmal kam ich mir in die damalige Zeit versetzt vor. Auf einem so kurzen Weg von einem Grab zum anderen, sah ich mich mit ihm und den anderen zusammensitzen, hörte sie reden und lachen, obwohl alles schon sehr lange zurücklag. Vergeblich suchte ich Pauls Grab. Die Liegezeit war schon vor ein paar Jahren abgelaufen, wurde mir in der Friedhofsverwaltung mitgeteilt. Die Asche von jemand anderem ruhte nun an seinem Platz.

Schmerzhaft wurde mir wieder einmal bewußt, dass die Menschen, mit denen ich damals meine Zeit verbracht hatte, immer weniger wurden. Beim Verlassen des Friedhofs versuchte ich eine Erklärung dafür zu finden, warum die Jahre so schnell vergangen waren. Es war vergeblich.

CHRISTIAN BARSCH

KRRZWPPS

/56/ Krrzwpps kann sich meist nicht leiden;
wenn er in den Spiegel schaut,
ist er kaum von sich erbaut,
würde sich am liebsten meiden.

Seine Verse-Fahrt hingegen,
ob auch leicht Takt, Reim und Zeil
schwächeln, ist sein bestes Teil,
ihm samt Namen überlegen.

*

/57/   Noch im kalten Morgengrauen
schaltet er, Krrzwpps, sein kleines Radio an,
   hofft er, sich doch zu erbauen,
weiß er gleich, daß er nicht viel erwarten kann.

   Die Musik mag kaum ergötzen,
sie gefällt sich in Gezerr und in Geplärr
   und in Tempo-Überhetzen;
hier wie überall spielt dumme Mode Herr.

   Dann von schlimmen Prügeleien
strotzt die Nachrichtsendung, von Not, Leid und Graus –
   wer soll daran sich erfreuen?
Krrzwpps schaltet ärgerlich sein Radio aus.

/58/ Unter Weglass, Zufüg, dies nach Auswähl
      (Rhythmus, Reim, natürlich Inhalt),
sucht Poet, was er aus Welt herausschäl,
      und mit Einfalt, nein: mit Sinnfalt!

Fast das gleiche tun die Praxisleute
      heftig: Auswähl, Zufüg, Weglass
(freilich auf der Ebene von Beute):
      Reichwerd, Lustspür, Spaßhab, Zweckfass.

*

/59/ Mitten im Erscheinungswald
und auf hohem Postamente
Sie, die herrliche Gestalt,
Strahlende, Intelligente.

Krrzwpps beugt vor ihr das Knie:
Legendäre Einzig-Schöne,
der Poetenszenerie
Fürstin! Daß die Welt dich kröne!

Fordre heilig Dienst und Zoll,
werde aller Menschen Muse!
Ewig Frau Verheißungsvoll!
Doch ein wenig auch Meduse.

/60/ Die Umwelt will sich in Kritik verbeißen:
Du schämst dich nicht? Willst immer Krrzwpps heißen?
Du solltest anders lauten, dich verändern,
den Krrzwpps einrahmen mit schwarzen Rändern.

Entgegnet Krrzwpps: Da ist nichts zu schämen.
Ich muß mich wegen schlimmrer Dinge grämen.
Ihr tragt vielleicht im ganzen schönre Namen,
doch das Dahinter? Da wär viel zu kramen!

*

/61/ Wie ein Adler von bedrohtem Horst
Krrzwpps. Schaut auf abgestorbnen Forst
von hoch oben, Stelle, nicht nur tot,
sondern frei: Ein Riesenfeuer loht,
stumm umtanzt von kaltherziger Schar,
unter Riten kreisend, sonderbar
langsam, spukhaft; und Papiere brennen
auf der Glut, die nicht ein Mensch noch kennen
dürfte; niemand konnte sie mehr lesen,
wußte nicht, wozu sie dagewesen …

Welch ein Wald, welch Feuer, welche Schar!
Welche Schriften! Spukhaft, sonderbar …

*

/62/ So lang, so kurz ist eine Wanderung!
        (Sie nähert sich dem Ende.)
Sie ist ein langer Marsch, ein kurzer Sprung,
        wie man es immer wende.

25

Auch Krrzwpps sieht sie lang, dann schließlich kurz,
      am Ende auf der Kippe,
und als Symbol des langen, kurzen Spurts
      den Balken einer Wippe.

Es gibt Hinauf, Hinab, Nichthab und Hab;
      Mond schaut auf Flut und Ebbe;
die Wippe bildet automatisch ab
      viel Stufen einer Treppe.

Ja, Wanderung wies Krrzwpps sicherlich
      die letzten dieser Stufen;
Fremd-andre sollten ihn, er sollte sich
      statt Krrzwpps Kurz-Wipps rufen.

          *

/63/ In riesig weitem, hohem, kahlem Saal
unendlich Tische, darauf Monitoren,
und keine Menschen; und das Licht ist fahl,
und alles Leben ist darin verloren.

Endlose Zahlenreihen überzeit
geistern heraus aus ihnen, Monitoren,
und mischen Zukunft mit Vergangenheit;
und alles Leben ist davor verloren.

Lebendig tot, grün flackernd, rot umsäumt
nur Zahlenströme auf den Monitoren –
wer hat dies alles wann warum geträumt?
Und alles Leben ist schon längst verloren.

/64/ Krrzwpps sehnt sich nurmehr noch nach Ruhe.
   Haßt Getue und Gebuhe.
     Denkt an leere Schuhe.

Nichts an Neuem weiter kann ihm kommen.
   Alles ist vorbeigeschwommen.
     Was soll ihm noch frommen?

Fühlt sich dem gleich, der den Schluß erwartet.
   Denn das Spiel ist abgekartet.
     Schließlich ausgeartet.

       *

/65/ Schluß? Wie je der Topf. Er brodle.
Und es scheint sich zu gebühren,
daß Herr Fortschritt juble, jodle,
da denn alle schütten, rühren.

Rühren folgt auf Sich-Einschütten
rot-, gelb-, schwarz- und weißer Truppe
(Fee Gesichtslos muß kaum bitten),
kocht sich hoch zu Einheitssuppe.

Rührt und quirlt Hinaufgestuftes
auf zum Gipfel Kochgefechts,
Mischeffekts. Irgendwo ruft es:
Krrzwpps… Und das klingt wie Krächz…

/66/ Krrzwpps, unaussprechlich,
mit den Jahren schwächlich,
fügt zu seinem Werk
einen Schlußvermerk. –

Ob er sich ergötzte?
Hat ihn Welt betört?
Krrrzzwppsss… ist das letzte,
was man von ihm hört.

So. Genug. Es reicht.
Titel „Große Reise"
wird zu „Letzte Gleise".
Bald. Schon da vielleicht. –

Krrzwpps, nach zwei Wochen,
nennt sein Werkchen drum
(etwas hochgestochen)
Opus ultimum.

Burtchen Bataineh

Reflexionen über den Sinn meines Lebens

„Nun, was erwartest du vom Leben?",
der Lehrer mich einst fragte.
„Genießen will ich und schweben!",
die Abiturientin naiv sagte.
„Nach all den Hungerjahren
will ich viel Spannendes erfahren."
Aber …   … ohne rosarote Brille
                im kalten Alltagslicht
                erkannte mein guter Wille:
                „Ohne Ärger geht das nicht!"
                Ich schloss bald Kompromisse
                zwischen Wünschen und der Wahrheit;
                auch kleinste Erfolge ich begrüßte
                in anerkennender Klarheit.
„Bescheidenheit ist eine Zier",
heißt mein bekanntes Motto heute.
„… doch weiter kommt man ohne ihr",
zitieren gern Berliner Leute.

Ich bin ein glücklicher Mensch. Warum bin ich glücklich? Weil
ich vier wunderbare Kinder geboren habe; weil ich Pflanzen und
Bücher um ich herum habe, die ich genauso liebe wie die Menschen, die mir wichtig sind; weil ich Freude und Spaß an der
Entdeckung neuer Erkenntnisse habe; weil ich immer wieder
etwas Neues an Berufen oder Jobs ausprobiert habe; weil ich
jeden Tag nach meinen Wünschen und Vorstellungen gestalten
kann; weil ich zufrieden bin mit dem, was ich leisten kann und
schaffe; weil Lesen, Schreiben und Erzählen zu meinen Lieb-

lingsbeschäftigungen gehören; weil ich gern reise und dabei andere Länder, Menschen und Sitten kennenlerne; weil ich mein Wissen gern an andere Neugierige weitergebe. All das macht Sinn in meinem Leben.

„Glück ist das Einzige,
was sich verdoppelt,
wenn man es teilt."

„Viele Menschen versäumen das kleine Glück,
weil sie auf das große vergeblich warten."

(Pearl S. Buck)

Viele Großwildjäger wie E. Hemingway schwärmten von den „big five" in Afrika, das sind Elefant, Löwe, Nashorn, Leopard und Büffel. Die Köpfe und Felle dieser bedauernswerten Geschöpfe nagelten sie sich an die Wände oder nutzten sie als Vorleger für ihre Fußböden.

Ich bin mit Falah auch auf Safari unterwegs gewesen, und wir haben viel mehr große Tiere gesehen, fotografiert und hautnah erlebt als nur diese big five. Auf der Rundreise durch Kenia und Tansania begegneten wir Giraffen, Flusspferden, Krokodilen, Zebras, Gnus, Geparden, Hyänen, Affen, Adlern, Antilopen, Geiern, Waranen, Warzenschweinen, Erdmännchen und Murmeltieren, Geckos und Agamen. Manche dieser genannten Tiere sind nicht big, also groß, aber trotzdem großartige Geschöpfe.

Der Autor des Buches „The big five" stellt für sich eine Maxime auf. Ich habe eine andere. Bei mir sind es mindestens sechs Themen, die sich durch mein Leben ziehen. Sie bilden mit ihren Anfangsbuchstaben den Begriff GEFÜHL. Gefühl steuert meine Motivationen ebenso sehr wie mein Verstand.

G = Grenzen austesten im Umgang mit der Umwelt

E = Erleben und Reisen rund um die Welt

F = Film, Fernsehen und Theater mitmachen und gestalten

Ü = Überzeugen und Unterrichten

H = Helfen, Bessern und Behüten (M. Luthers Erklärung der 10 Gebote)

L = Lesen, Schreiben und Erzählen

Zu dem letzten Thema, das mir zurzeit am wichtigsten ist, gehört das Erzählen. Der Kirchenpatriarch Augustinus (354–430) hat einen mir wichtigen Grundsatz erwähnt: „Nur wer selbst brennt, kann Feuer in anderen entfachen." Sowohl in meinen Geschichten als auch im Deutschunterricht für Migranten versuche ich, meine Begeisterung auf meine Zuhörer und Lernenden zu übertragen. Ich bin gern Geschichtenerzähler (storyteller, Hakawati) und ich hoffe, dass meine Geschichten auch nach meinem Tod weiterleben. Dann bin ich endlich unendlich.

Die Safari zählt zu meinen interessantesten Urlauben, die ich je erleben durfte. Als wir in Nairobi aus dem wohltemperierten Flugzeug stiegen, nahm uns die trockenheiße Luft den Atem. Binnen weniger Sekunden war ich durchgeschwitzt. Kein Wunder, denn wir betraten ja südlich des Äquators afrikanischen Boden.

In der kenianischen Hauptstadt bestiegen wir einen Kleinbus, der uns an die Küste des Indischen Ozeans brachte. Bei rauschendem Regen wurde uns im Hotel „New Stanley" ein Zimmer zugewiesen. Beim Abendessen bewunderte ich einen herrlichen doppelten Regenbogen. Eine aufregende Woche lang erkundeten wir die relativ junge Hauptstadt, zu unserem Erstaunen erst seit 1930 als solche anerkannt, denn vorher gab es dort nur Wellblechhütten, winzige indische Läden, eine Sodawasserfabrik und schäbige Eisenbahnanlagen. Nach zwei verheerenden Pestepidemien wurde aus der britischen Protektoratsstadt durch Neubauten aller Art eine moderne Großstadt, allerdings auf relativ kleinem Raum, weil sowohl ein großer Flugplatz, diverse

Parks und Golfanlagen sowie ein herrlicher Nationalpark (650 qm) den Baugrund einschränkten. Also baute man in die Höhe.

Zuerst besuchten wir das Nationalmuseum am Uhurufluss mit seiner prähistorischen Sammlung. Objekt Nr. 1470 ist vermutlich die Schädeldecke eines zweieinhalb Millionen Jahre alten Vorzeitmenschen, die man am Turkanasee gefunden hat. Ebenso bestaunten wir Funde von steinernen Werkzeugen, Waffen und Scherben aus der Oldevai-Schlucht, die zu dem großen Grabengebiet der Afrikanischen Senke gehört. Riesige Strauße, Nashörner und Elefanten in fossilem Zustand sahen wir, auch einen legendären weißen Elefanten aus Marsabit, der über 60 Jahre alt wurde und nun als „Denkmal" ausgestopft neben prachtvollen Vögeln, Insekten und Schmetterlingen bewundert werden kann.

Einmal besuchten wir einen Snake-Park in Nairobi und konnten zusehen, wie die Schlangen „gemolken" wurden. Gleich nebenan entdeckten wir einen Mini-Zoo, der von einem Schweizer Aussteigertypen angelegt und kranken Tiere vorbehalten wurde. Dort hatte ich die Gelegenheit, einen Zwei-Meter-Waran auf die Arme zu nehmen und von Falah fotografiert zu werden, gefolgt von einem niedlichen, verspielten Rhesusäffchen, das mir allerdings ungewollt einen Killerparasiten in beide Lungenhälften einbrachte. Falah knipste ich anschließend mit einem riesigen Schreiseeadler auf dem ausgestreckten Arm.

Einen weiteren Tagesausflug genossen wir dann am Indischen Ozean: auf einer echten arabischen Dhau mit herrlichen Segeln schipperten wir an der Mangrovenküste entlang bis zu einem alten Fort, das als portugiesischer Handelsposten begann, dann zum Sklavenverkaufsdepot avancierte und schließlich als Gefängnis endete.

In Kenia spricht man eine Mixtur aus indischem Urdu, Arabisch und afrikanischem Bantu: Kisuaheli genannt. Diese Sprache entwickelte sich aus den Handelsbeziehungen zwischen Kaufleuten aus Indien, Persien, China und anderen Seefahrernationen, die Elfenbein und Ambra, Leopardenfelle und Schildpatt, Gold und Gewürze aus Afrika in ihre Länder importierten.

Auch einen Ausflug in den Norden Kenias unternahmen wir per Jeep, in die Nähe des Mount Kenia (5199 m), zu einem sumpfigen See, wo wir große Herden an Flusspferden beobachten konnten, auf deren Rücken weiße Reiher und dunkle Madenhacker herumturnten.

Den letzten Ausflug machten wir per Bus zu einem Landstrich in Küstennähe, wo wir eine enorm große Tropfsteinhöhle erkundeten, die als Zufluchtsort für geflohene Sklaven gedient hatte, bevor sie als Touristenattraktion hergerichtet wurde. Die Wurzeln riesiger Akazien und buschiger Tamarisken hingen wie Vorhänge vor dem Höhleneingang. In einigem Abstand von dieser Sehenswürdigkeit durften wir eine typische kleine Farm besuchen. Da die Frauen alle Arbeiten erledigen müssen, konnte ich ausprobieren, wie es ist, mit einer Handhacke gebückt die staubtrockene Erde aufzuhacken, eine Bananenstaude zu pflanzen, mit einem 20-Liter-Kanister zum nahen Fluss zu laufen, ihn gefüllt auf dem Kopf balancierend zurückzutragen und die Staude zu wässern. Diese halbe Stunde werde ich nie vergessen, und die selbstlosen Farmfrauen stehen seitdem sehr hoch in meiner Achtung.

Schon im Nairobi-Nationalpark hatten wir, im Jeep geschützt, eine erste kleine Tierschau erlebt. Unter einer Akazie hatte sich ein ganzes Rudel Löwen versammelt. Die Männchen mit ihren dunkleren Mähnen fielen zuerst über den Büffelkadaver her. Erst danach durften die Weibchen mit ihren Jungen den Festschmaus beenden, obwohl sie die eigentlichen Jägerinnen waren.

Dann hatten wir das große Glück, einen Leoparden auf der Pirsch zu beobachten. Als Einzelgänger ist er schwerer zu entdecken als die Geparden, die wir in trauter Geschwister-Runde unter einem Baobab (Affenbrotbaum) fotografierten. Und immer wieder kreischten uns Paviane aus Baumkronen an oder verfolgten den Jeep mit bettelnden Gesten. Aber es gab auch Affenmütter, die ihre Kleinen liebevoll lausten, ohne uns zu beachten. Viele tropische Vögel konnten wir vor die Kamera bekommen: angefangen bei der blauen Glanzdrossel, den emsigen Webervögeln beim Nestbau (die Nester hängen wie Birnen von den Ästen), über die hässlichen und doch nützlichen Geierarten bis hin zu Sekretär, Marabu und Reiher. Zum Schluss dieser Tierschau gaben ein paar Warzenschweine mit hochgestellten Schwänzen eine lustige Rennparade, bevor sie im Gestrüpp verschwanden.

Diese Eindrücke machten uns neugierig auf die anderen Nationalparks, die wir in der zweiten Woche unserer Safari als Rundreise gebucht hatten. Zuerst fuhren wir in den Süden Kenias. Das Wort „Safari" bedeutet auf Kisuaheli „Reise". Und jetzt folgen ein paar Namen der Tiere in Afrika auf Kisuaheli:

Löwe = simba	Nashorn = kifaru
Pavian = nyani	Zebra = punda milia
Giraffe = twiga	Gepard = duma
Hyäne = fisi	Leopard = chui

Im Süden Kenias liegt direkt an der Grenze zu Tansania der Amboseli-Nationalpark. Wir wurden in einem sehr modernen Hotel untergebracht und kosteten zum ersten Mal Antilopenfleisch. In unserem Zimmer klebte ein grüner Gecko an der Decke. Im geräumigen Parkgelände mit vielen mir unbekannten Blumenarten sahen wir vielfarbige Agamen in der Sonne baden; in den Hibiskus-Sträuchern tummelten sich Finken und ordinäre Spatzen lärmend, während ein paar Schritte weiter weg eine kleine Hügellandschaft mit Siebenschläfern und bunten Eidechsen überraschte. Noch etwas weiter entfernt sahen wir dann die erste Elefantenherde, alles ausgewachsene Tiere.

Am ersten Abend gab es eine Folklore-Veranstaltung mit Trommeln, buntbekleideten Tänzerinnen und einem Männer-Hüpf- und Springtanz von Massais, die alle um die zwei Meter groß und gertenschlank aussahen. Die Frauen hatten viele schwere Halsreifen, die bei jedem Schritt auf- und niederwippten und hell wie Glocken klangen.

Das Essen am zweiten Abend bestand aus Hähnchen in Kokosmilch, genannt „kuku ya packa". Für den dritten Tag hatte man ein Lunchpaket für jeden Safariteilnehmer vorbereitet, weil es gleich am frühen Morgen mit dem Bus zur Grenze nach Tansania ging. Die Grenzbeamten waren in sandfarbene Uniformen gekleidet und mit glänzend polierten Stiefeln versehen. Sie kontrollierten kaum die Passagiere, sondern öffneten schnell den Schlagbaum, und wir fuhren Richtung Mommella Game Lodge, wo ein Abendessen aus Ziegenfleisch, Kochbananen und Cassavaknollen ein ungewöhnlicher Genuss für uns war. Während der Fahrt hatten wir einen guten Blick auf den Kilimandscharo (5895 m) mit seiner Schneemütze im gleißenden Sonnenschein.

Die Game Lodge gehörte dem Schauspieler Hardy Krüger sen. und war ein Juwel an afrikanischer Baukunst und europäischem Komfort. Wir hatten jeder ein eigenes Bett mit sicherem Moskitonetz in einer weiß gekalkten Rundzeltvariante. Die Tür war ein Schmuckstück aus geschnitzter schwarzbrauner Palme. Sie zeigte Alltagsszenen afrikanischer Bräuche, dazu Tierreliefs und Landschaften. Jede Tür der Rundhäuser war anders gestaltet. Für die Mahlzeiten und Vorführungen gab es in der Mitte der Rundhäuser auf dem weitläufigen Gelände einen Riesenrundbau wie ein offenes Amphitheater: Es gab keine Wände, nur Balken rundum, die eine Holzdachkonstruktion hielten. Die duftende afrikanische Luft umfächelte und schmeichelte uns angenehm.

Am nächsten Tag machten wir einen Abstecher zum Mount Meru (4568 m), während Nebelschwaden feucht wabernd unseren Bus umgaben und wir auf unendlich scheinenden Serpentinen zur Bergspitze vordrangen. Plötzlich ließ grelles Sonnenlicht alle im Bus blinzeln. Erst nach ein paar Sekunden erhaschten wir einen näheren Ausblick auf die Ebene unter uns: Ganze Herden von Gnus und Zebras grasten friedlich nebeneinander. Diese Ebene heißt Arusha-Nationalpark, nach dem dort früher ansässigen Stamm der Marusha. Man sagte uns im Hotel, dass es hier 54 Säugetierarten und 242 verschiedene Vogelarten geben würde. Wir waren gespannt, welche davon wir zu sehen bekämen.

Am nächsten Tag fuhren wir in einem Dreier-Konvoi an Jeeps zwar nicht wieder zum Mount Meru, sondern durften auf Entdeckerkurs im tropischen Regenwald daneben gehen: im Ngurdoto-Urwald. In drei Etagen sozusagen fällt der Regenbergwald mit 30 bis 40 m hohen Bäumen auf. Die Würgfeige mit 25 m Länge umschlingt andere Bäume und ernährt sich von ihnen. Etwas tiefer gelegen schloss sich die Buschzone an, und noch weiter unten erstreckte sich die Gras- und Blütenpflanzenzone.

Überall in diesen drei Zonen wimmelt es von Tieren, die man aber nicht gleich sieht oder entdeckt. Ein Tausendfüßler mit etwa einem halben Meter Länge fiel mir aber doch zwischen den Blättern am Boden auf. Herumturnende Meerkatzen kreischten auffällig durch die Baumkronen. Die Anubis-Paviane als 50- bis 60-köpfige Großfamilie dagegen flitzten auf dem Urwaldboden herum und zankten sich um Früchte, die vergoren im Laub lagen. Außerdem sahen wir Guerezas, Affen mit einem Fell wie ein wehender weißer Mantel. Riesengroße schwarze Silberwangen-Nashornvögel lärmten mit ihren Hornschnäbeln in den Bäumen, während Schirr-Antilopen und die winzigen Ducker-Rehe fast nicht im Gewirr von Büschen und Zweigen zu entdecken waren. Aber buntfarbige Schmetterlinge in Handtellergröße, zum Beispiel Schwalbenschwänze, konnten wir zwischen den Blüten umherschwirren sehen.

Dann fuhren wir an den Kraterrand. Hier begann ein sump-
figes Gebiet, das die Heimat von Wasserbüffeln, Riedböcken,
Kaffernbüffeln, Reihern, Rallen und anderen Wat- und Wasser-
vögeln ist. In der weiteren Umgebung streunten Tüpfelhyänen
(kamba ya fisi) herum und ließen oft ein menschenähnliches
Kichern hören.

Im Arusha-Nationalpark gibt es keine Löwen mehr; hier
herrscht der Leopard. Er „parkt" seine Beute in den Baumgabe-
lungen, wo die Hyänen nicht herankommen. Gemächlich dahin-
ziehende Massai-Giraffen sahen wir an den dornigen Zweigen
der Akazien und Tamarisken knabbern. In einer der Tamarisken
entdeckte ich zwei wollige Knäuel: zwei Milch-Uhus mit riesig großen Augen schauten einigen flinken Klippschiefern auf
einem Hügel zu, die sich zum Sonnenbaden dort niederließen.

Am nächsten Tag besuchten wir ein Massai-Dorf. Es war von
„Emanyara" eingezäunt, ein dichtes, dornenbestücktes Zweig-
holz des Euphorbienbaumes. Das Massai-Wort für Dorf heißt
„Kral". In der Nähe dieses Dorfes gab es einen langgestreck-
ten See mit Namen „Manyara", genau wie das Dorf selbst. Hier
soll es sogar 361 bekannte Vogelarten geben. Wir haben Löffler,
Marabus, Nimmersatte, Kiebitze, Säbelschnäbler, Pelikane und
Flamingos neben den bekannten Reiherarten beobachtet.

Ganz in der Nähe liegt das Rift-Valley, das ist eine Abbruch-
kante vom Afrikanischen Kontinent. Es gibt dort heiße Quellen,
und dunkelmähnige Löwen beherrschen das Gebiet. Zum ersten
Mal sah ich hier auch Leberwurstbäume. Ihre Früchte sehen tatsächlich aus wie graubraune Würste, die man zum Dörren in die
Zweige gehängt hat.

Weiter ging es zum Ngorongoro-Krater. Hier entdeckten wir
einen Gedenkstein für Prof. Dr. Bernhard Grzimek und seinen
Sohn Michael, die viel für den Erhalt der afrikanischen Tier-
welt getan haben, besonders im Serengeti-Nationalpark. Zu-

erst möchte ich aber noch vom Ngorongoro-Krater mit seinem Durchmesser von 2300 m erzählen. Rundum liegt das Mbulu-Plateau, wo landwirtschaftlich emsig Mais, Bohnen, Weizen und Kaffee angebaut werden und Tansanias größte Agrarflächen liegen, die malerisch von Schirmakazien als Schattenspender durchzogen sind. Zum Krater hin ändert sich die Vegetation allerdings: Hier wächst wieder tropischer Bergwald.

Der Krater ist kein einzelner, sondern eine Ansammlung von mehreren Vulkanausgängen, also eine sogenannte Caldera. Sie entstand, weil die hochschießende Lava nicht mehr abfließen konnte, sondern eine Hochebene formte, die sich 19 km west-östlich und 16 km nord-südlich erstreckt. Neben dem braunmähnigen Löwen sind in diesem Grasland die Hartebeests (Kongonis), mehrere Gazellenarten, Gnus, Schakale, Löffelhunde, Nashörner, Strauße, Trappen, Wiedehopfe und etliche Kranicharten beheimatet. An den Sümpfen sahen wir die übliche Vielfalt an Wat- und Stelzvögeln, aber auch Rot- und Blauschnabelenten, Zwergflamingos und Kronenkiebitze. Im Fieberakazienwald schließlich fanden Elefanten, Anubis-Paviane und grüne Meerkatzen einen reich gedeckten Nahrungstisch. Besonders sieben Fledermausarten fühlten sich hier heimisch.

55 km weiter westlich liegt die Oldevai-Schlucht, in der man die Entwicklungsgeschichte der Menschheit ablesen kann, die sich über 2 Millionen Jahre erstreckt. Ein kleines Museum erklärt die Zeitspannen mit verschiedenen Funden. Die Serengeti („endlose Steppe" auf Massai) hat eine Fläche von etwa 15000 qkm Umfang und einen Höhenverlauf zwischen 900 m und 1850 m. Ursprünglich lebten die Massai mit allen Tieren und Pflanzen friedlich zusammen in diesem Gebiet. Aber 1959 wurden die Massaistämme umgesiedelt und leben nun am Rande der Serengeti, aber ohne Ackerbau und Viehzucht, sondern nur noch vom Tourismus.

Zu den Landschaftsformen dieser Gegend gehören auch die „Kopjes", Inselberge mitten in der Savanne. Sie haben Namen wie Barafu, Gol, Simba oder Moru, je nachdem, welches Tier dort dominiert. Die Serengeti bietet die größte Konzentration wildlebender Säugetiere unserer Erde. Es ist ein sinnvolles Ökosystem: Die den Nationalpark umgebenden Gebiete schützen die großen Wanderungen der Gnus, Zebras und Büffel. In der Langgrassavanne entdeckten wir ein Rudel Hyänen-Wildhunde, die sich um einen Kadaver balgten. Später beobachteten wir noch drei Geparden-Geschwister, die ein Sonnenbad mit Mittagsschlaf verbanden.

Die vielfältigen Eindrücke und Erfahrungen dieser Safari prägten und bereicherten mein Leben. Unzählige solcher Puzzleteile setzen sich zusammen zu meinem Leben und machen mich nicht nur zufrieden, sondern glücklich.

FRIEDEBERT BLUMENSTEIN

Herbstgedanke

Laub, Laub, Laub, wirst Staub!
Glaub, glaub, glaub, auch ich des Todes Raub!
Ich bin wie Laub – doch bleib nicht Staub!

Das letzte Gesicht

Für Reinhard, 2018

Sind es Leiden oder Freuden,
endlich so befreit zu sein?
Ist's ein tagelanges Ringen –
Doch der Tod lässt sich nicht zwingen.
Kann die Stimme nicht mehr sprechen,
sind's die Augen, noch nicht brechen.
Danke dir für all die Jahre,
Bruderschaft gelebt.
Stehen wir an deiner Bahre.
Antlitz uns entschwebt.

Nachruf auf Mariss Jansons

Dezember 2019

Papier ist tot!
Doch aus den Notenzeilen entströmt,
durch deine Hand geweckt: Herrliches.
Vom Tod gezeichnet.
Es fließen Töne, sehnsuchtsvoll,
entsagend, aufbegehrend.
Es ist die „Vierte", – Brahms!
Hier einst zuerst erklungen.
Jetzt dein Vermächtnis?
Dank dir!
Ein Leben nun vollendet.
Der Kunst erschöpfend hingegeben.

Christrose blüht

Für Christel, März 2020

Christrose blüht! Soll Tod nur Schein?
Christrose blüht! Man trug sie heim.
Schnell kam das Ende nach fröhlicher Runde.
Christrose blüht! Dank für ein reiches Leben,
das bis zuletzt der „Musika" ergeben.

Scherenschnitt „Margarite" von Ingeborg Blumenstein,
geb. 1938, Berlin

Die alte Heimat

Mai 2020

Land der Burgen, stolz und kühn.
Märchenzauber, wild und schön.
Von den Chatten einst gegründet,
später Thüringen verbündet.
Hessenland, Heimatland,
wo meine Wiege stand.

Werra sich und Fulda küssen,
ihre Namen büßen müssen.
Bis zum Meere hin verbindet.
Weserfluß den Namen kündet.
Hessenland, Heimatland,
wo meine Wiege stand.

Herbstlied

September 2020

Rötend kommt der Herbst gezogen,
Sonne kann mit ihren Strahlen
nicht mehr voll die Landschaft malen.

Zartes Schwingen dort im Licht.
Spinnennetze flimmernd schweben durch die Luft.

Blätter tanzen von den Bäumen,
und in meinem Innern träumen
Herbstgedanken durch den Duft.

DIETHELM MAX BUBBEL

Als Kind in die Dunkelheit

Das Kind von der Mutter verwöhnt,
vom Vater handwerklich angelernt.
Die Zeit des Spielens, des Herumtollens,
das Sammeln von Erfahrungen und Erkenntnissen.

Das Elternhaus in der Kindheit,
nach arbeitsreichen Tagen von Vater und Mutter
Geselligkeit im Kreis von Arbeitskollegen,
Freunden und Nachbarn.

Gastfreundschaft, gutes Essen,
Klirren von Gläsern, Erklingen von Musik,
Fröhlichkeit.

Dann, plötzlich das Erkennen einer schweren,
todbringenden Krankheit
beim Vater in der Mitte von vierzig Lebensjahren.

Gebete durch Mutter und Kind,
Sorge, Verständnislosigkeit, Verzweiflung.

Die Gebete vergeblich,
die Medikamente können nur noch Schmerzen lindern.
Das Fortschreiten des Krebses ist nicht zu verhindern.
Die Trauer im Haus wird immer größer.

***

Ich war im Garten, hatte versucht, mich abzulenken.
Plötzlich kam Mutti!
Sie sagte: „Vati ist nicht mehr am Leben."

Er starb zu Hause im Ehebett,
wo er am dritten Tag nach seinem Ableben abgeholt wurde.
Mutti stand und schlief bei ihm weinend.

DER VATER – heimgekehrt aus dem Kriegsgeschehen,
einen Sohn gezeugt, den er ins Leben begleiten wollte,
dem er im Prozess des Reifens und beim Bewältigen
von Schwierigkeiten im Leben zur Seite stehen wollte.

Der TOD war schneller!

Mit ihm kam bei mir die Dunkelheit,
ein Trauma mit Folgen,
da viele Irrwege im späteren Leben.
Letztendlich die Erkenntnis, Fehler gemacht zu haben.

Bei einem gewissen Geltungsbedürfnis
im Hintergrund, stets bemüht, zu beweisen,
dass ich in der Lage bin, das, was mir mein Vater
beigebracht, und die Verantwortung, die er mir
übertragen hat, umsetzen zu können.

Selbst ein Leben lang erheblichem Stress ausgesetzt.

Vom Muttersöhnchen zum heranwachsenden,
geforderten Jugendlichen, der hoffte,
die Dunkelheit überwinden zu können,
um das Licht zu erkennen
und zu ihm zu gelangen.

Dann, zum fortgeschrittenen Lebensabend,
mit dem Zusammenleben mit der letzten Partnerin,
ein ERKENNEN des Lichtes?

Der Glaube, es zu erkennen, ist nunmehr vorhanden.

Bin ich aber angekommen im Licht erst,
wenn der Übergang vom Leben zum Tod eintritt?

JOSHUA CLAUSNITZER

Deletia

Existenziell. Verführerisch. Bedrohlich. Das ist Deletia. Wer oder was soll das genau sein? Delete. Existenziell. Verführerisch. Deletia, die Hauptstadt der Ahnungslosen, die Hauptstadt des Seins. Delete. Existenziell.

Tom wacht auf, wieder einmal in Schweiß gebadet. Sein Körper zittert, er hat schon wieder von Deletia geträumt. Wirre Gedanken, verschwommene Bilder ziehen durch seinen Kopf. Was hat er durchgemacht? Delete.

Tam wacht auf. Sie kriecht mühsam aus ihrer quadratischen Laube heraus, wo der Platz gerade einmal zum Schlafen reicht. Es stinkt nach Abfall, es stinkt nach toten Tieren und noch viel mehr. Wieder einmal blickt Tam auf den Fluss, der schon lange keiner mehr ist. Das trockene Bett teilt Tams Bleibe und die angrenzende Stadt auf. Tam mault auf, flucht und murmelt etwas. Deletia, Deletia, Deletia, warum nur gibt es diese verdammte Stadt? Wer hat das Recht gehabt, sie damals als Verstoßene zu degradieren und jenseits des ehemaligen Flusses zu schicken? Tam weiß genau, was sie hat. Tam hat nichts. Zufriedenheit und Freiheit, was für ein absoluter Schwachsinn! Delete.

Tum erblickt das Licht. Doch kann er überhaupt sehen, was da auf ihn wartet? Seine Mutter hält ihn in den Händen und ist überglücklich. Tum weiß nichts von seinem Glück und fängt erst mal an, dem Urin freien Lauf zu lassen. Tums Mutter ist das egal, dem Arzt und der Hebamme sowieso. Alles ist perfekt. Deletia hat einen weiteren, kleinen Mitbürger erhalten. Tum nimmt alles wahr, alles ist wahr, die Wahrheit zum Greifen nahe. Doch zunächst muss Tum sich um den Daumen seiner Mutter kümmern, sein Griff ist noch ganz schwach, aber zärtlich. Neue

Menschen in Deletia sind glücklich. Freiheit und Zufriedenheit. All dies steht dem kleinen Tum noch bevor. Delete.

Mara ist gehetzt. Mit ihrem Fahrrad saust sie durch die Straßen von Deletia, welche komplett gesäubert sind und einen eigenartigen Glanz versprühen. Eigen war Mara schon immer, artig ab und zu. Doch in diesem Moment hat sie ganz andere Sorgen. Sie kommt zu spät? Zu was genau? Weiß sie selber nicht ... Ausgebremst von ihrem sich fragenden Ich, macht sie einen Stopp, während sie überlegt, was genau sie eigentlich vorhatte. So eilig, wie sie es hatte, muss ja schließlich etwas der Grund dafür sein. Deletia ist so eine schöne Stadt, schweift sie von ihrem Ursprungsgedankengang ab. Ergibt es überhaupt Sinn, sich einen Sinn zu bilden über den Grund ihrer Fahrradtour? Mara grübelt und grübelt. Delete.

Mora ist Reporterin, besser gesagt fliegende Reporterin. Hoch über den Wolkenkratzern von Deletia ist ihr Zuhause. In ihrem eigens für sie designten Helikopter, der zudem auch noch autonom fliegt, kreist sie über der Stadt. Das blühende Leben, in der Innenstadt, fasziniert sie immer wieder. Sie hat definitiv den besten Job der Welt, den ihr keiner mehr nehmen kann. Ihr Helikopter kann sogar Fotos schießen. Dafür wurde extra eine kleine Kamera an die Spitze des Helikopters angebracht, welche eine Auflösung von 20k hervorbringt. Manchmal fragen Mora Leute, was es denn mit diesen 20k auf sich habe. Mora kann immer nur mit dem Kopf schütteln, in einer so tollen Stadt wie Deletia ist es doch klar, was es mit 20k auf sich hat. Delete.

Mira lebt im Exil. Einst arbeitete sie für die Stadt, für Deletia. Sie war eine ranghohe Beamtin. Doch was ihr damals zustieß, würde sie niemals vergessen. Nach nur einigen Tagen im Amt der Stadtverwalterin, wurde ihr bereits klar, dass etwas nicht stimmen konnte mit ihrer Stadt. Ihre Aufgabe war es, Struktur und Einheit in die Straßen Deletias zu bringen. So weit, so gut.

Doch weit gefehlt! Es war alles zu einfach, alles zu glatt. Weder ihre Vorgesetzten noch ihre Delegierten hatten jemals eine Meinung gehabt zu den Thesen und Wünschen, die Mira äußerte. Sie versuchte, neutral zu bleiben, doch es war bereits viel zu spät. Mit der länger ausgeführten Amtszeit wurde sie immer mehr genau zu dem, was sie nicht sein wollte. Eine funktionierende Maschine, in einem Apparat, der vermeintlich als der Beste galt, allerdings viel mehr Schein als Sein war. Emotionen gab es nicht, und Mira hatte Probleme, überhaupt welche kreieren zu können. Eines Tages überfiel sie ein Gedanke, den sie nicht mehr loslassen konnte. Sie war glücklich, dass sie es trotz ihrer emotionalen Kälte schaffte, sich nicht komplett dem Sog Deletias hinzugeben. Wie ein Donnerschlag wusste sie, was sie zu tun hatte. Eine Lücke in der Gesellschaft gab es nicht, um zu entkommen, das war ihr klar. Allerdings konnte sie einfach abhauen. Sie würde ins Exil gehen, ihr Eigenes erschaffen. Sie würde der erste Mensch sein, der dies getan hätte, aber wer, wenn nicht sie? Es würde sowieso keinem auffallen, wenn sie an ihrer Arbeitsstelle nicht mehr antreten würde. Keiner hatte sich je um sie gekümmert, und innerhalb weniger Tage würde der Posten anders besetzt werden. Es war Miras Revolte, eine kleine Revolte gegen Deletia. Es musste der Anfang einer neuen Bewegung sein. Das schwor sich Mira! Delete.

Mura wacht auf, wo genau sie sich befindet, weiß sie nicht. Alles um sie herum sieht aus wie ein Kerker. Folterinstrumente prägen die Wand. Kann das real sein? Sie weiß es nicht. Sie versucht sich zu bewegen, doch scheitert. Sie scheint festgekettet zu sein, an einer hölzernen Liege. Es kann nicht mehr schlimmer werden, denkt sich Mura. Sie hört Schritte. Der Angstschweiß auf ihrer Stirn nimmt zu. Realität, Traum? Realität, Traum? Mura wägt ab und plötzlich steht ein alter Mann im weißen Kittel vor ihr. Er begrüßt sie und lädt sie ein, mit ihm in die wundervolle Welt der Freiheit, der Zufriedenheit zu kommen. Sie kommt erst gar nicht dazu, ihren Mund zu öffnen, als der alte Mann ihr ein komisch aussehendes Serum in ihren Arm spritzt. Das letzte, was sie vernimmt, sind einzelne Buchstaben. D L T A. E E I. DEL.E.T.I.A.

D.E.L.E.T.I.A. Delete ...

Deletia, was ist das für eine Stadt? Deletia, warum bist du bloß voll mit Freiheit und Zufriedenheit? Deletia, wer machte dich zu dem, was du bist? Deletia, wer kann es wirklich mit dir aufnehmen?

Deletia, du bist doch Perfektion. Deletia, du bist das einzig Wahre. Deletia, du bist existenziell. Deletia, du kannst dich niemals selbst vernichten.

Mik wacht auf. Stimmen in seinem Kopf haben ihn dazu gebracht, seinen geliebten Schlaf zu unterbrechen. Schlafen, ja, das kann man freilich am besten tun in Deletia. Keiner stört einen. Keiner unterbricht einen. Keiner durchdringt die Ruhe. Mik ärgert es, dass er sich im Prinzip selber eine Standpauke halten kann. Nur durch sein eigenes Verhalten hat er aufgehört zu schlafen. Doch was genau waren das für Stimmen, die er vernommen hat? Mik ist sich nicht sicher, was mit ihm geschehen ist. Er hat noch nie seinen Schlaf wegen komischer Gedanken unterbrechen müssen. Soll er sich nun deswegen Sorgen machen? Eher nicht, denkt er sich und versucht weiterzuschlafen. Deletia, Göttin der Sorgen, Deletia, Göttin der Unbekümmertheit. Wieder bricht Mik aufgrund seiner ungewöhnlichen Strapazen seinen Schlaf ab. Warum muss ihm das bloß passieren? Wütend steht er auf. Es hat keinen Sinn mehr. Es hat keinen Sinn mehr zu schlafen. Es hat keinen Sinn. Delete.

Muk schreibt gerne über Deletia. Es ist schon immer ihr Lieblingsthema gewesen. Muk ist die Starjournalistin in Deletia. Immer auf dem neuesten Stand, immer den neuesten Trend parat. In einer sich so schnell verändernden Stadt muss man ja schließlich up to date sein. Wenn Leute Muk fragen, wie sie all dies immer schaffe, dann muss sie schmunzeln. In einer Stadt wie Deletia habe Informationsbeschaffung stets die oberste Priorität. Seien es die vielen 15k-Auflösungsdisplays oder Monitore, die überall in der Stadt hängen, oder seien es die 5 mal 5 Meter großen Leinwände, die über aktuelle Aktionen informieren. Muk ist vehement der Meinung, dass in Deletia jeder informiert wird, auch wenn er oder sie es nicht wollen würde. Diese Vorstellung verwirft sie dann jedes Mal, denn ein Mensch, der kein Bedürfnis an Aktualität oder Informationen besitzt, ist für sie nicht der Existenz würdig. Direkt ins Exil und den Deckel darauf machen. So hat es Muk am liebsten. Schnell eilt sie zu der nächsten Informationstafel, um sich einen Überblick der aktuellen Lage zu verschaffen. Die Tafel wird von dem Schriftzug: „Deletia – Freiheit und Zufriedenheit" geprägt. Delete.

Deletia, Stadtstaat, Deletia, Gottesstaat in ihrer wundervollen Reinheit. Deletia, Name ist Programm. Delete.

Wie geht es weiter mit Deletia? Kann Deletia noch gestoppt werden oder ist sie auf dem Weg, dem Existenzialismus eine Existenz zu geben? Delete. Wie geht es weiter mit? Delete. Kann. Delete. Noch gestoppt werden? Delete. Ist sie auf dem Weg? Delete. Existenzialismus. Delete. Existenz. Delete.

Dauer.	**D**ruck.
Eleganz.	**E**xistenz.
Lebenslust.	**L**eiden.
Eifer.	**E**insamkeit.
Trend.	**T**rauer.
Intelligenz.	**E**itelkeit.
Abenteuer.	

REGINA FRANZISKA FISCHER

„Bäume sind Hände zu Gott …"

HÄNDE ZUM LICHT

Wenn Du den Himmel
Nicht erreichst

Umarme einen Baumstamm
Halte Dich
An seiner Rinde fest

Gib ihm alles
Was Du hast

Verbinde Dich
Mit seiner Seele

Und ihr werdet
Hände zum göttlichen Licht …!

aus „Blumen für die Seele" der Autorin

Unser Landhaus ist von Bäumen umringt: Kiefern, Buchen, Eichen haben in über 40 Jahren Stämme mächtigen Ausmaßes erreicht, die ich oft umarme, womit ich mir auf einfache Weise eine spirituelle Verbindung zur Natur verschaffe mit Heilwirkung …

Sich emotional auf den Wald einzulassen, bezeichnet der Japaner als Shinrin Yoku.

IM FRÜHLINGSRAUSCH MIT DIR

Mit halb geschlossenen Augen
Den Frühling verkosten

Die Sprache der Amsel
In der Dämmerung verstehen
In ihrem zärtlichen Gesang
Und in die hungrige Seele
Fließen lassen

Mit halb geschlossenen
Augen den Abendhauch genießen
Einlullend empfängt er Dich
Gleich einem Seidenschleier
Vor der ersten Frühlingsnacht

Erwachen so erwartungsvoll
Wiesen und Wälder im neuen
Frühlingskleid durchstreifen
Und ersten zarten Knospen
Die verdiente Kusshand
Zuwerfen

Alles im kostbaren Werden
Nie mehr vergehen …

Mit Dir in den besonderen Frühling 2022 starten …
HAPPY BIRTHDAY!
In Liebe für Friedjof

Wellenschlag, Ölbild 1990 von Regina F. Fischer

Mit Dir … Und immer weht der Ordinger Wind die Seele frei. Neue Lebensfreude keimt auf mit dem Meeresrauschen und dem Wellenschlag, von Gott so wunderbar gelenkt, um uns erneut zu erheben nach oft leidvoller Prüfung.

Baden in Momenten des Glücks mit Dir …

Ording 2021

L I E B E im christlichen Sinn

Die höchste Freude besteht nach den Worten
des Franziskus von Assisi darin,

dass man einen unverdienten Vorwurf erduldet,
die leiblichen Leiden, die ihm etwa folgen,

erträgt und keine Feindseligkeit gegen den
Urheber des Vorwurfs oder Schmerzes empfindet;

sie ist Freude im Bewußtsein des wahren Glaubens
und der Liebe, die weder durch menschliche

Bosheit, noch durch eigene Leiden
gestört werden kann ...

*Eintragung 17. Mai aus L. Tolstois Lebensbuch „Für alle
Tage"*

PAUL FRIEDRICH

Frieda mit und ohne „e"

Die Tür fliegt auf und schon steht unser Wirbelwind Frida im Zimmer. „Opa, ich habe dir eine Schnecke mitgebracht." Frida war mit Oma und Frieda, dem Hund unserer Nachbarin, Gassi. Aber dazu später, also der Reihe nach.

Bei dem Namen Frieda (mit e) denke ich zuerst an meine Großmutter Frieda. Wie viele von uns hatte auch ich zwei Großmütter. Meine Oma Luise verstarb allerdings bereits, als ich vier Jahre alt war, sodass meine Erinnerungen an sie nur durch einige wenige Fotos erhalten blieben.

Ein Ereignis sollte mich allerdings ein Leben lang prägen. Zu ihrer Beerdigung sollte ich Blumen auf den Sarg streuen, in meinem zarten Alter und in zarter Statur. So hatte es anscheinend der Familienrat festgelegt. Ich muss meine mir übertragene Aufgabe wohl zufriedenstellend erfüllt haben, denn in den Jahren danach, auch viel, viel später noch, war meine Pflichterfüllung immer wieder Gesprächsthema in der Familienrunde.

Ich habe sehr gelitten und leide auch heute noch an diesem Trauma. Beerdigungen sind für mich, wohl wissend, dass der Tod ein folgerichtiger Prozess des Lebens ist und dass die Teilnahme an einer Trauerfeier auch eine Ehrerbietung gegenüber dem Verstorbenen und dessen Angehörigen darstellt, eine ungeliebte Pflicht, und so überlasse ich diese Aufgabe fast immer meiner Frau.

Zu meiner Entlastung könnte ich historische Entwicklungen anführen, denn in meinem Heimatort, einem kleinen thüringischen Dörfchen am Rande des Hainich, war es von jeher Tradition, dass Frauen diese ehrenvolle Leistung für die Familien erbrachten. Vielleicht waren die Ursachen darin zu sehen, dass diese leichter von der Arbeit freigestellt wurden, vielleicht lag es aber auch an der Trauerkleidung, denn der schwarze Anzug wurde oft nur zur Hochzeit gekauft, was sich später an den zu kurzen Ärmeln des Jacketts und an den im Hosenbund angesetzten Dreiecken ersehen ließ. Das ist heute anders. Heute ist Trauerkleidung leichter als früher erhältlich, auch für Männer, aber es ist zumindest eine Ausrede.

Meine Oma Frieda, um zum Thema zurückzukommen, wohnte mit uns sozusagen in Familie, die gebildet wurde von meinen Eltern, mir und, wie schon gesagt, meiner Oma. Dann war da noch eine Tante, sie war durch die Wirren des Krieges aus Schlesien vertrieben worden, wohnte bis in die frühen Sechzigerjahre bei uns und mit uns, war also vollständig integriert in alle Prozesse des Lebens. Meine Anrede war dennoch Tante Gertrud und meine Eltern redeten sie immer mit Fräulein an, einerseits weil sie es so wollte, ihr Verlobter war im Krieg gefallen und sie trauerte immer noch, andererseits war es wohl auch aus Achtung ihr gegenüber, denn ihr Vater war ein leitender Beamter bei der Reichsbahn gewesen. Ihr verdanke ich das Erlernen der hochdeutschen Sprache, denn bei uns zu Hause wurde, auch mit mir übrigens, nur der plattdeutsche, dem Heimatdorf eigene Dialekt gesprochen. Auch das zaghafte Kennenlernen der deutschen Literatur verdanke ich ihr, ebenso meine Bibelkenntnisse, die nun allerdings durch die Länge der zurückliegenden Zeit einer Auffrischung dringend bedürften.

Indirekt habe ich damit schon gesagt, dass meine Oma Frieda zwar keine höhere Schulbildung besaß, aber einen gesunden Menschenverstand, ein großes Maß an Lebenserfahrung und alle Fertigkeiten und Fähigkeiten, um im Leben bestehen zu können. Als hauptsächlich für Haus, Hof und Garten Verantwortliche war sie so für mich Ansprechpartnerin in allen Lebenslagen. Ich ging zu ihr mit all meinen Sorgen und Nöten, holte mir ihren Rat und bei Bedarf auch Trost. Bewundert habe ich ihre oft schlauen Hinweise. Stand ich etwa vom Frühstückstisch auf, um andere Dinge zu tun, dann kam mit Sicherheit der Satz: „Man geht nicht vom Tisch weg, sondern nimmt zur Entlastung der anderen stets etwas (Geschirr) mit." Natürlich hatte dieser Rat auch in anderen Situationen seine Gültigkeit. Oder etwa eine politische Betätigung betreffend formulierte sie: „Denke immer daran, die Zeiten ändern sich oft schnell." Wie recht sie haben sollte.

Ein anderer Ausspruch, unsere Familie betreffend, kommt mir ins Gedächtnis, besonders dann, wenn ich meine Schwägerin mit ihren fünf Enkeln und schon fünf Urenkeln sehe – hinter vorgehaltener Hand gesagt, es sollen noch deutlich mehr werden –; er lautete: „Unsere Familie verschenkt ganze Generationen." Auch hier hatte sie recht, denn sowohl meine Mutter als auch ich waren Einzelkinder. Meine Frau und ich haben es wenigstens auf zwei gebracht, aber unsere beiden Söhne haben die Familienplanung anscheinend von Oma und Uroma abgeschaut.

Als Oma Frieda das achtzigste Lebensjahr überschritten hatte, wurde sie zunehmend bettlägerig, hilfsbedürftig, ein Pflegefall. Man sah ihr die Verschlechterung des Gesundheitszustandes täglich mehr und mehr an. Ich hatte die mir übertragene Aufgabe, für die Verbesserung der medizinischen Betreuung der Bürger unseres Kreises ein Notfallsystem aufzubauen, abgeschlossen und feierlich übergeben, als sich in meine Eröffnungsworte immer wieder eine unbestimmte Ahnung einschlich, meine Gedanken zu meiner Oma gehen ließen und mich schließlich veranlassten, nach dem offiziellen Akt mein Heimatdorf aufzusuchen. Nachdem ich Oma Frieda begrüßt hatte, drückte sie mir noch einmal die Hand und sagte: „Ich habe auf dich gewartet", und verschied.

Drei Jahrzehnte später, zu Weinachten, kam unser Ältester mit Partnerin. Sie überreichten uns neben anderen Geschenken ein sorgsam verschnürtes, hübsch dekoriertes Päckchen mit bedeutsamen und erwartungsvollen Blicken. Unser Staunen war groß, denn wir fanden einen Babyschuh als Hinweis auf ein bevorstehendes freudiges Ereignis. Acht Monate später sollte es dann so weit sein; ein kleines Mädchen erblickte das Licht der Welt, genauer das Licht der Klinik.

Natürlich hatten wir die Entscheidung über den Namen der kleinen Erdenbürgerin den Eltern überlassen und waren deshalb hocherfreut, als sie die Kleine „Frida" nannten, Frida ohne „e". Meine Frau und ich glaubten zwar nicht, dass unsere Kinder bei der Namenssuche an meine Oma Frieda oder an die Uroma unserer Schwiegertochter, die ebenfalls Frieda hieß, gedacht hatten, zumindest nicht vordergründig, zumal ja auch die modernere Variante, Frida ohne „e" gewählt wurde, aber es hat uns ebenso gefreut wie auch die anderen Großeltern.

Inzwischen ist Frida zu einem aufgeweckten hübschen Mädchen herangewachsen, die anscheinend die Vorzüge beider Elternteile, vielleicht auch die der beiden Großelternpaare, in sich vereint. Mit scharfem Auge nimmt sie jede kleine Veränderung ihrer Umwelt wahr. Kleine Tiere, Insekten, Raupen werden ebenso schnell verinnerlicht, angefasst und umsorgt wie größere: Frösche, Mäuse oder gar Ringelnattern. Tote Tiere werden mit Lupe oder Mikroskop untersucht, weil sie wissen will, wie es innen aussieht.

Ein lebendes Tier im Haus war schließlich eine Traumerfüllung. Zum Glück eine Katze, eine nordamerikanische Maine coon, die als gesund, robust und menschenfreundlich gilt. Von Frida wurde sie schnell „Rudi" genannt; als sich herausstellte, dass sie weiblich war, wurde bei der praktischen Veranlagung unserer Enkelin der Name auf „die Rudi" erweitert.

Auch für größere Tiere hat Frida eine große Leidenschaft entwickelt. Sie liebt Pferde. Auf der einen Seite sammelt sie Spielzeugpferde, mit etwa sechzig spielt sie inzwischen, wobei alle einen Namen haben je nach Farbe, Art und Aussehen. Meine Frau und ich haben immer wieder versucht, uns wenigstens ein paar Namen zu merken, aber auch das fällt uns schwer, zumal einige dann und wann verändert werden.

Noch mehr als Spielzeugpferde liebt Frida echte, kleine wie große. Sie reitet nicht nur, sondern striegelt sie, putzt die Hufe, bürstet Mähne und Schweif, wie es sich für eine kleine Pferdeliebhaberin gehört. Außerdem sind Urzeitechsen ihre Lieblinge, in allen Größen und Nuancen. Dabei werden uns nicht nur die Unterschiede zwischen pflanzen- und fleischfressenden Gattungen erläutert, vielmehr gehen ihr mit selbstverständlicher Sicherheit auch deren Namen, wie Ichthyosaurus, Pentaceratops, Tyrannosaurus rex und Eraptor leicht von den Lippen.

Als weitere Vorzüge stellen sich ihre sportlichen Aktivitäten dar. Verblüffend ist ihr Drang nach Bewegung wie Tanzen, Radschlagen, Springen aus dem Stand auf die Couch oder andere Möbelstücke. Das Umkreisen des Wohnzimmertisches am Abend bis zum Umfallen versetzt uns immer wieder in Angst und Schrecken und geht oft so lange, bis sie übermüdet ins Bett fällt, um nach einer kurzen Gutenachtgeschichte dann tief zu schlafen, Kraft zu tanken für den nächsten Morgen, der nach dem Augenaufschlagen sofort wieder fröhlich und turbulent beginnt.

Das Laufen langer Strecken macht besonderen Spaß, wenn der Hund unserer Nachbarn, eine weitere Frieda, wie zu Beginn bereits erwähnt, nun wieder mit „e", ausgeführt werden kann. Dann geht es oft stundenlang bei Wind und Wetter über Stock und Stein, sehr zur Freude ihrer Oma. Frieda mit „e", von uns auch Dr. Frieda genannt, um beim Ansprechen den Unterschied zu verdeutlichen, und Frida ohne „e" verstehen sich prächtig und zeigen das in zahllosen Umarmungen und Freudensprüngen. Natürlich wird meine Frau als Dritte in dieser Runde in alle Späße mit einbezogen und lernt so oft neue Begriffe, wie Pullerliese oder etwa Schnuffeltante, mit denen unsere Frida den kleinen Westie benennt.

Dr. Frieda gehorcht aufs Wort; wird der Zeigefinger gehoben, macht sie „Männchen"; trällert Frida ein Lied, jault auch Dr. Frieda. Dr. Frieda kriegt sogar den Po abgeputzt! Und wenn Dr. Frieda gelobt wird, sitzt sie brav vor Frida und wedelt mit dem kleinen Stummelschwänzchen, als verstünde sie alles.

Erzieherisch wirkt Frida auch auf mich älteren Opa ein. Ungeniert drückt sie mit dem Zeigefinger auf meinen Bauch, der an Umfang zugenommen hat, und sagt: „Opa, der Bauch muss weg!", oder sie zeigt auf meinen rechten Großzehennagel, der unfallbedingt leicht deformiert und verfärbt ist, und äußert: „Opa, dagegen gibt es Salbe in der Apotheke." Sie sorgt sich um den anderen und teilt bereitwillig, sogar Süßigkeiten.

Und Frida liebt ihren Cousin Paul, auch wenn sich das bei Begegnungen nicht so deutlich zeigt. Nun, Paul, unser zweiter Enkel, war zeitlich wesentlich früher auf der Welt, ist also älter als Frida, mit seiner Größe von 189 cm und einer Schuhgröße 47 auch wesentlich größer und beeindruckt schon allein durch seine Erscheinung seine kleine Cousine. So ist nur verständlich, dass sie sich zunächst etwas zurückzieht, Abstand hält, um so Zeit zur Annäherung zu gewinnen, zumal sich die beiden nicht oft sehen, wegen der räumlichen Entfernung der Wohnorte. Wenn aber der Bann gebrochen ist und die Freudenfunken überspringen, dann versucht Frida im gemeinsamen Wettrennen schon mal zu zeigen, was sie kann. Oft spricht sie von ihrem Cousin, wenn er nicht da ist, voller Hochachtung und scheint ihn geradezu herbeizusehnen.

Etwas verbindet unsere beiden Enkel noch. Beide Namen sind einfach auszusprechen, lehnen sich an ihre Vorfahren an (mein Vater hieß Paul und ein weiterer Uropa Pauls, sein Opa mütterlicherseits, ebenfalls), sodass beim Nennen der Namen unserer beiden Enkel Erinnerungen an liebe Angehörige wachgehalten werden. Sollten die Namen zufällig ausgewählt worden sein, vielleicht weil sie in diesem Zeitabschnitt „in" waren, wie man heute neudeutsch formuliert, so wurde die Wahl doch von allen Seiten unserer Familien begrüßt. Wissen wir doch, dass mit den Vornamen, eben mit einem Wort, oft Grundsteine gelegt werden können für Hänseleien und Diskriminierungen, beginnend von den ersten Tagen des Wachsens und Werdens der jungen Menschen an bis ins hohe Alter. Ein Beweis dafür, was Worte im guten als auch im weniger guten Sinne ausrichten können.

Urlaubsreise in den Tod?

Ursprünglich hatten seine Frau und er sich auch in diesem Jahr keine größere Reise vorgenommen. Man war schon alt, nun vielleicht doch noch nicht so alt, aber eben doch älter. Auch hatte man Gebrechen, wenn diese auch im Alltag zu überspielen waren. Bei der Betreuung der Enkeltochter waren gewisse Defizite beim Rennen, Laufen und Schwimmen deutlich geworden. Da war außerdem ja noch die Pandemie. Quarantäne, Reiseverbote in Risikogebiete mussten beachtet werden.

Dann aber hatten Bekannte und Freunde mit ihren Reiseerlebnissen doch Lust für ein ebensolches Unternehmen, eine Reise, vielleicht nicht so weit, eben überschaubar, risikoarm, aufkommen lassen. Man war sich mit dem Reiseveranstalter schnell einig, eine Pauschalreise zu den oberitalienischen Seen wurde gebucht und die Vorbereitung in Angriff genommen.

Auch das war zunächst eine gewisse Herausforderung. Was packt man ein? Was ist überflüssig? Er wollte eher langfristig planen, seine bessere Hälfte war für kurze Entschlüsse, den Wettervorhersagen entsprechend. Natürlich kann sich das Wetter auch in wenigen Tagen ändern, deshalb besser Vorsorge treffen, auch wenn zum Beispiel Regenbekleidung bei Sonnenschein unnötig wäre.

Endlich war alles unter Dach und Fach, exakter formuliert im Koffer. Im Garten und im Haus nochmal nach dem Rechten geschaut, denn man würde ja einige Tage weg sein. Der Rasen wurde gemäht, die Blumen gegossen und den Kindern Bescheid gesagt. So konnten sich beide am Nachmittag vor der Abfahrt, sie sollte gegen 3 Uhr in den kommenden Morgenstunden beginnen – man war also gut beraten etwas vorzuschlafen – ein gemütliches Kaffeestündchen gönnen. Beim Tischdecken hatte er den Fernsehapparat eingeschaltet, um seine Lieblingssendung anzuschauen.

Als er noch berufstätig war und als Arzt seine Hausbesuchs-runden drehte, hatte er mitbekommen, dass viele seiner Pati-entinnen, Patienten natürlich ebenso, den Nachmittag mit dem Verschlingen von Sendungen verbrachten, die um 14 Uhr, 15, 16 und 18 Uhr liefen, und dabei jede Störung missbilligten. Manche bemerkten manchmal seine Anwesenheit und die vorgenomme-nen ärztlichen Tätigkeiten anscheinend nicht. Sie streckten ihren Arm aus zur Blutdruckmessung oder zur Verabreichung einer Injektion, ohne auch nur einmal den Blick vom Bildschirm zu wenden, bemerkten offenbar auch nicht sein Weggehen.

Viel später, sein Sohn hatte die Hausbesuchstätigkeit übernom-men, konnte auch er, Dr. Simon, mit einer gewissen Leidenschaft öfter zum Leidwesen seiner Frau den Sendungen, wenn auch nicht allen und auch nicht mit der Konsequenz seiner Patienten, folgen. Im Laufe der Zeit hatte er sich nur noch für eine Sendung mit einer gewissen Regelmäßigkeit interessiert. Sie war recht nach seinem Geschmack, um es landläufig auszudrücken. Um einen Kriminalfall rankten sich gewisse Zwistigkeiten im Polizeirevier, die dem Verlauf der Sendung einen süffisanten Humor gaben und vom schrecklichen Ereignis ablenkten. Man sah also nicht die Tat, sondern nur das Ergebnis. Das war natürlich auch schrecklich, je-doch nicht so brutal, wie beim Morden zusehen zu müssen. Auch die Aufklärung war nachvollziehbar. Er hatte diese bewusste Sen-dung gerade eingeschaltet, als der Titel für den Nachmittag über den Bildschirm lief: „Urlaubsreise in den Tod".

Plötzlich lief es ihm eiskalt über den Rücken, die Nacken-haare stellten sich auf, er war geschockt, begann zu schwitzen, ja zu zittern. War etwa er gemeint? Oder beide? Beim Kaffee, er trank ihn nur widerwillig, kehrten seine Gedanken immer wie-der zum Titel zurück. Das konnte doch kein Zufall sein, diese Sendung gerade heute auszustrahlen, war das etwa ein Wink des Schicksals?

Er hatte eine naturwissenschaftliche Ausbildung erhalten, sollte also nicht an Vorhersagen oder böse Orakel glauben. Aber er war zunehmend unsicherer. Was hatte er in der Vergangenheit nicht schon alles an sonderlichen Dingen gehört. Im Krieg hatten Frauen ihre Männer im Traum sterben sehen und es war eingetreten. Als er einen Autounfall hatte, es lag lange zurück, hatte seine Frau sofort gespürt, dass es ihn betraf, als sie das Martinshorn hörte. Neulich hatte er von einer Bekannten erfahren, sie habe von Tod und Särgen geträumt. Sie hatte es ihrem Mann beim Frühstück erzählt, kurz darauf hatte dieser offenbar einen Herzinfarkt erlitten und war verschieden.

Ein weiteres Omen fiel ihm ein. Es war wohl 1999 gewesen, seine Frau und er waren im Urlaub und beim Spaziergang über einen alten stillgelegten Friedhof gegangen. Er war wunderschön gepflegt, sah mit den alten Grabsteinen würdevoll aus. Beim Rückweg war ihnen eine neue Grabstelle aufgefallen, scheinbar eben erst ausgehoben. Sie hatten es als seltsam empfunden. Im Hotel angekommen erreichte sie die Nachricht vom Ableben eines engen und lieben Verwandten. Zufall? Omen? Er glaubte auch nicht an den Spruch mit der Katze: „Von rechts nach links, Glück brings, und von links nach rechts, brings Schlechts." Wenn ein Freitag auf den 13. des Monats fiel, dachte man am besten nicht daran.

Er hätte die Liste ominöser Zufälle noch erweitern können. Was konnte man, beziehungsweise er aber gegen diesen Hinweis im Fernsehen tun. Die Reise absagen? Der Koffer war schließlich gepackt, eine Reiserücktrittsversicherung für diesen Fall gab es nicht. Es war wohl auch schon zu spät zur Absage.

Er nahm sich vor, seine Frau nicht zu beunruhigen. Sie schlief ohnehin schon schlecht. Nachts wurde er wiederholt von Albträumen geplagt, sah die Schrift wiederholt im Traum: „Urlaubsreise in den Tod".

Am nächsten Morgen, noch gezeichnet von der mit bösen Träumen durchlebten Nacht, fuhren sie mit dem Bus pünktlich ab. Die Reise ging über die hessische Nachbarstadt, wo weitere Reisegäste zustiegen, sie nahmen alle in den hinteren Plätzen des Busses Platz. Man kam zügig voran. Vorbei an Bad Hersfeld, über Fulda entlang der A 71, man konnte Würzburg und Rothenburg nach Hinweisen des Reiseunternehmers erahnen, über Ulm, Bregenz ins Tessin. Die Berge waren inzwischen höher, ragten steil hinauf in den wolkenbehangenen Himmel. Dunkelgrüne Bäume, noch voll im Laub, wurden von ebenso grünem Buschwerk abgelöst, bis weiter oben, gerade noch erkennbar, nur noch graues Gestein bizarre Umrisse bildete.

Es ging hinauf durch Tunnel, über Brücken, durch den San Bernardino nach Oberitalien und weiter zum Bestimmungsort, Stresa, am Lago Maggiore. Auffällig waren die sich um den See erhebenden, auch hier steil ansteigenden Hänge, bis fast zur in der Höhe endenden Waldgrenze bebaut, bebaut mit wunderbaren, großzügigen Villen und diese umgebenden Gärten, viele um 1900 entstanden, wie auch die 4- bis 5-Sterne-Hotels am Ufer, teils noch geschlossen, der Pandemie geschuldet, teils geöffnet und, wie man ersehen konnte, mit fröhlichen Gästen belebt.

Er hatte, von der Schönheit der Natur beeindruckt, vom klaren Wasser des Sees überwältigt, seine Ängste und Befürchtungen verdrängt oder gar vergessen. In einer der Raststätten, an der man aus gewissen biologischen Gründen hatte anhalten müssen, hatte er einen die Treppe hinab auf ihn zukommenden Mann gesehen, groß, breitschultrig, mit grauen Haaren und stechendem, ihn musterndem Blick. Er hatte Angst bekommen, war das etwa der, der ihm nichts Gutes wollte? Schnell war er zum Bus gerannt, in Sicherheit.

Nun hier in Stresa sah er ihn wieder beim Abendessen. Er gehörte zur Reisegruppe, war wohl später zugestiegen und hatte seinen Platz weit hinter ihm. Was sollte er tun, konnte er überhaupt etwas tun? Dem Reiseveranstalter seinen Verdacht melden oder gar zur Polizei gehen. Auf bloßen Verdacht hin? Besser war es, aufmerksam abzuwarten, immer bei den anderen zu bleiben.

Am nächsten Tag, er hatte wolkenverhangen begonnen, ging es weiter über Boveno, die Namen der anderen Orte waren ihm entfallen, ebenso die Namen der die Stadt Lugano umgebenden Berge. Man war wieder in der Schweiz, am Nordufer des Lago Maggiore. Die nette italienische Reiseführerin, die ein hervorragendes Deutsch sprach, gelegentlich gespickt mit belustigenden Vorsilben und leicht abgewandelten Verben, sie nannte es scherzhaft Spaghetti-Deutsch, führte die Gruppe in den sehenswerten Parco civico mit seiner üppigen südlichen Vegetation. Weiter ging es zum Stadtzentrum, vorbei an neuen, modernen Häusern und beeindruckenden älteren. Geschäfte mit Rang und Namen wechselten sich ab, zeigten in den Auslagen viel Modernes zu erstaunlichen Preisen.

Anschließend fuhr man durch das Weinland Mendrisiotto nach Como, der Hauptstadt der gleichnamigen Provinz, gelegen natürlich am Lago di Como. Der Dom, die antike Stadtmauer und die historische Altstadt waren die Höhepunkte des Tages, neben dem Eis, das nach Aussagen der Reiseführerin das Beste des Landes sei, wie eben alles hier das Beste war. Beim Verlassen des Ortes fiel sein Blick noch auf die Burg, „die von Kaiser Barbarossa, dem roten Bart", erbaut worden war.

Zurück ging die Fahrt entlang der Uferstraße mit dem fortwährenden Seeblick, aber auch auf neuen Autobahnen und durch zahlreiche Tunnel. Die Schweizer bohrten überall Löcher, nicht nur in die Berge, sondern auch in den Käse, wie er aus berufenem Munde vernahm.

Während der ganzen Zeit hatte er nicht an seinen Traum, an das über ihm schwebende Omen gedacht, bis er ihn, den Unbekannten, beim Abendessen wiedersah. Er sah dessen Lächeln, als wollte er zu verstehen geben, warte nur, die Gelegenheit kommt schon noch. Die Nacht verbrachte er trotz der schönen Tageserlebnisse schlaflos.

Am nächsten Tag stand Omegna auf dem Programm. Der bunte und mit großer Vielfalt arrangierte Wochenmarkt ließ die Herzen höherschlagen und die Geldbörsen öffnen. Danach brachte das Schiff die nun bepackten, wenn auch finanziell erleichterten, aber glücklichen Reisenden über den Ortasee nach Orta, einem bezaubernden Städtchen mit viel mittelalterlichem Flair; später fuhr man weiter zur Insel San Giulio, einem alten Bischofssitz, heute ein Domizil von Nonnen.

Er hatte sich während des Tages nie von der Gruppe entfernt, hatte auch diesen Tag unbeschadet überstanden. Die Angst schien weniger geworden zu sein, in dieser Nacht schlief er traumlos.

Am nächsten Tag ging es mit dem Bus erneut zum Nordufer des Lago Maggiore, entlang des Lago di Vogorno hinauf in das malerische Versascatal am Fluss Versasca. Man sagte, dass das smaragdgrüne Wasser dem Tal den Beinamen „Malediven Mailands" gegeben hätte. Es sollte das schönste Tal der Schweiz sein. Früher konnte der Taleinstieg nur schwerlich überwunden werden. Heute führt eine Straße von Ascona über Locarno bis hinauf ins Tal, vorbei an der 220 m hohen Staumauer, bekannt durch den Bungee-Sprung aus dem Film „The Golden Eye", bis nach Sonogno. Von hier aus konnte man früher nicht weiter, nur wieder zurück.

Sonogno, ein malerischer Ort mit wohl nicht mehr als 50 Seelen, ist mit den sehenswerten rustikalen Steinhäusern und einer bewundernswerten Kirche ein Juwel. Die Rückfahrt verlief bei „gestopften Straßen, piano elastisch" und der Busfahrer musste höllisch „uffpasse", um nicht auf andere Autos „druffzufahren", um im Spaghetti-Deutsch der Reiseführerin zu bleiben. Alles ging gut bei „sichere" Fahrer. Er hatte keinen Gedanken an das Unheil verheißende Omen verschwendet, war von der Schönheit und der Einmaligkeit der Natur eingenommen und abgelenkt.

Noch zwei Tage! Bisher war alles gut gelaufen, keine Bedrohung, eben nur diese Ungewissheit, ging es ihm am nächsten Morgen durch den Kopf. Man fuhr mit dem Schiff zur Isola Bella, der wohl schönsten der Borromäischen Inseln. Von der Familie Borromäus im Mittelalter käuflich erworben wie auch weitere Inseln im Lago Maggiore, von den nachfolgenden Generationen prachtvoll bebaut, ständig erweitert und vervollkommnet, eines Königs würdig. Nach einem Rundgang durch das prachtvolle Barockschloss mit seinen herrlichen Gartenterrassen mit südlicher Vegetation genoss man noch die Annehmlichkeiten der Isola dei Pescatori.

Den Abend verbrachte man gemeinsam mit den anderen Reisenden auf dem zentralen Platz. Viele Menschen, jung und alt, lärmten hier ausgelassen bei Vino und Pizza. Es war für ihn der Abschiedsabend. Es saß mit Bekannten am Tisch, als der „Bedrohende" sich zu ihnen setzte, ihn anlächelte und immer wieder durchdringend ansah.

Nach zwei Glas Vino bianco wurde er plötzlich vom Unbekannten gefragt: „Sie kommen mir bekannt vor, aber ich weiß nicht, woher. Ich habe mir die ganzen fünf Tage den Kopf zermartert, aber keine Antwort gefunden."

Ihm fiel ein Stein vom Herzen. Hatte er sich nicht auch gefragt, ob es in der Vergangenheit Fehlhandlungen seinerseits gegeben haben könnte, Kunstfehler in der ärztlichen Behandlung vielleicht? Hatte er ihn etwa beleidigt? Auch er war zu keinem Schluss gekommen. Beide schwiegen und grübelten. Im weiteren Gespräch stellte sich heraus, dass sein Gegenüber so wie auch er in den Siebzigerjahren bei der Hochseefischerei zur See gefahren war. Beide waren damals jung gewesen, beide hatten sich verändert, beide waren älter geworden. Nun trafen sie sich wieder. Alles war harmlos, eben nur ein Wiedersehen nach über vierzig Jahren. Ihm fiel bei der Auflösung seines Problems ein Stein vom Herzen. Sollte er seine Ängste, sollte er seine Befürchtungen offenbaren, jetzt wo sich alles in Wohlgefallen aufgelöst hatte? Besser nicht. Sie lachten beide und schwelgten in Erinnerungen.

Er war geheilt, würde wohl künftig nicht jedes Wort oder jede Überschrift auf die Goldwaage legen. Nicht alles auf sich beziehen. Vielleicht auch ein eventuell drohendes Übel beim Schopfe packen, es schnell lösen und nicht wieder so lange mit sich herumtragen. Die Reise hätte so noch mehr an Schönheit gewinnen können, wäre unbeschwerter gewesen, erholsamer und nachhaltiger.

Mit diesen Vorsätzen ging es nach Hause. Vorbei an den malerischen Bergen und Tälern, seiner von Hügeln umgebenen Heimat entgegen. Er hatte nette, freundliche Menschen kennengelernt. Italiener und Deutsche. War mit den Gewohnheiten Italiens und der Schweiz nun besser vertraut, kannte Gepflogenheiten und Bräuche. Hatte Vorurteile abgebaut. Hatte viele neue Eindrücke gesammelt, war begeistert von der wunderschönen Natur. Rückblickend war es eine erlebnisreiche Fahrt.

Seiner Frau erzählte er erst zu Hause von seinem unheilvollen Omen.

DENISE GEIS

Hoffnungslosigkeit und Hoffnungsschimmer

Ava ging mit ihrem Notizbuch in den Garten und setzte sich unter den Apfelbaum, der ihr einen angenehm kühlen Schatten spendete. Sie schlug ihr Buch auf und schrieb 2050 auf eine leere Seite. „Eine Zahl", dachte sie, „... eine Jahreszahl". Sie hatte sich für Ava immer weit weg angehört. Sie schrieb die Zahl 2021 daneben, wie eine Rechenaufgabe. 2050 - 2021 = 29. 29 Jahre. Das ist eine kleine Zahl. Zu klein, um die Welt zu retten. Ava dachte an ihren Sohn. Er war jetzt 11 Jahre alt. Er hatte Träume und Ziele. Als er noch kleiner gewesen war, hatte Ava immer gedacht, ihm würde die ganze Welt offenstehen. Mittlerweile wurden die Sorgen größer, die Zweifel, ob das wirklich so war. Sein Plan war es, eines Tages in Asien zu leben. Über seine Weltoffenheit und Neugier hatte sich Ava immer gefreut. Gleichzeitig spürte sie, dass seine Chancen, diesen Wunsch umzusetzen, von Jahr zu Jahr schwinden würden.

Mir geht es ähnlich wie Ava. Ich mache mir Gedanken um die Zukunft der Menschen. 2050 wird mein Sohn 40 Jahre alt sein. Auch er möchte in Asien leben. In Südkorea. Er lernt die Sprache, er begeistert sich für die Kultur, und es ist nicht einfach nur ein Traum, den er da hat, es ist ein Ziel.

Verschiedene Wissenschaftler und Experten gehen davon aus, dass bereits im Jahre 2050 ein Leben vor allem in Asien sehr schwer sein wird, in manchen Teilen sogar unmöglich. Das Meer drängt die Menschen zurück, Sturmfluten nehmen stetig zu, und die Hitze wird nicht mehr auszuhalten sein.

Wir schreiben jetzt das Jahr 2021. Wir lesen fast täglich in den Zeitungen über den Klimawandel. Junge Menschen gehen auf die Straßen. Die Politik redet und redet und verliert sich im

Gerede, ohne etwas zu erreichen. Klimawissenschaftler warnen. Die Rufe nach sofortigen Maßnahmen werden, vor allem von der jungen Generation, lauter. Sie werden auch gehört, aber offensichtlich nicht mehr als das. Die Schritte, die wir unternehmen wollen, sind zu klein. Ich zweifle daran, dass wir es noch schaffen können, den Klimawandel aufzuhalten. Wir müssten jetzt sofort alles herunterfahren, was die Umwelt schädigt, aber wer will schon auf seinen Lebensstandard verzichten? Der CO_2-Ausstoß steigt im Moment sogar wieder an, anstatt zu sinken. Vermutlich erscheint vielen Menschen das Jahr 2050 immer noch weit entfernt. Es wird doch dann wahrscheinlich noch alles so sein wie immer … Oder vielleicht doch nicht? Überschwemmungen, Waldbrände, Stürme, Dürren … Die Natur zeigt schon jetzt, was sie kann, und das immer häufiger. Ich glaube, nicht nur unzählige Tierarten stehen auf der roten Liste, sondern mittlerweile auch der Mensch. Wir merken es nur nicht, denn noch gibt es viele von uns.

Ich lebe seit etwa einem Jahr wieder in der Großstadt. Zehn Jahre lang durfte ich das Landleben kennen- und lieben lernen. Natur statt Shoppingmeilen. Anfangs fühlt es sich schwer an, der Verzicht auf manche Dinge, die weiten Fahrten zur nächsten großen Stadt, die Einsamkeit. Doch wenn das überwunden ist, man sich darauf einlässt, merkt man, dass man mehr gewinnt als verliert. Mein Verständnis für die Natur und die Umwelt ist viel sensibler geworden. Die Hektik der Großstadt lässt einen oft blind werden. Die Menschen schauen nach unten, starren auf ihre Smartphones, statt ihre Umgebung wahrzunehmen. Seit ich vom Land wieder weg bin, ist mir aufgefallen, wie wenige Vögel es in der Stadt gibt. Wo sind sie hin, die kleinen Sänger? Sie fehlen mir. Auf dem Land hat man das Gefühl, sie sind noch alle da, doch der Schein trügt.

Vor ein paar Monaten wollte ich wieder an der Insektenzählung teilnehmen. In den vergangenen Jahren habe ich das immer wieder gern gemacht. Sich bewusst Zeit nehmen für die Natur. Allerdings stellte ich in unserem grünen Garten in der Stadt fest, es gab nicht viel zu zählen. Auf dem Land hatte ich eine ganze Liste mit Insekten, manche musste ich sogar im Internet recherchieren, um herauszufinden, um welches Krabbeltier es sich da handelt. Dieses Mal gab es nur Ameisen und Fliegen. Eigentlich ist doch genug Grün im Garten da, dachte ich, aber das ist hier vermutlich das Problem. Genug Grün. Es fehlen die Blumen, die Vielfalt. Schaut man in die Gärten von Stadtmenschen, sieht man oft nur kurzgemähte Rasenflächen. „Vorbeete" bestehen nicht selten nur aus Kies, mittendrin thront ein großer Blumentopf mit einer Pflanze, die dann oftmals auch nicht die richtige ist, um Insekten anzulocken. Die Pflege ist sicher einfacher, aber wenn wir so weitermachen, dann werden wir in 29 Jahren überlegen müssen, wie wir unsere Pflanzen bestäuben können. Wie viele Bienenvölker wird es 2050 wohl noch geben?

Lassen wir Ava doch mal mit einer Zeitmaschine in das Jahr 2050 reisen.

Es ist Sommer. Der Apfelbaum im Garten ist nur noch ein Stumpf. Der Rasen ist vertrocknet. So sieht es in vielen Gärten und Parkanlagen aus. Die Hitze ist seit Wochen unerträglich. Über 40 Grad. Hitzetote. Stromausfälle. Aufgeweichte Teerböden. Die Wasserstände der Flüsse und Seen so niedrig wie noch nie. Fische sterben.

Ein paar Tage später ist es sehr still in der Stadt. Kurz zuvor war noch reges Treiben, bis die Sirenen aufheulten. Ein schwerer Orkan kündigt sich an. Die Menschen gehen in ihre Keller, manche haben sich für viel Geld Schutzbunker bauen lassen. Dort warten sie, bis das Unwetter vorüber ist. Danach stehen die Menschen vor Trümmern. Schon wieder. Es ist kein Schock mehr, der Anblick leider zu vertraut.

Ava läuft durch die Straßen, sieht Menschen, die aufräumen. An einem Haus bleibt sie stehen und schaut durch das Fenster. Ein Mädchen sitzt vor einem großen Fernseher. Die Stromversorgung hat diesmal durchgehalten. Auf dem Bildschirm ein Bericht über die Arktis. Sie ist in diesem Jahr zum ersten Mal komplett eisfrei. Das Mädchen sieht traurig aus. Eisbären sind ihre Lieblingstiere, und sie weiß, dass es für die weißen Riesen und andere Tierarten dort immer schwerer wird.

Nachdenklich geht Ava weiter. Auf einer Bank liegt eine Zeitung. Sie ist vom Vortag. Ava setzt sich und liest die Schlagzeilen: Neue Containerwohnungen für Klimaflüchtlinge aus Asien werden gebaut. Die Welt muss zusammenrücken. Der Platz wird knapper. Ava denkt an ihren Sohn. An seinen Wunsch, in Asien zu leben. Sie blättert weiter. Berichte über Wasserknappheit, Sturmfluten in New York, Massensterben in den Ozeanen. Sie zieht aus ihrem Rucksack das kleine Notizbuch und schlägt es auf. 2050 - 2021 = 29 steht dort geschrieben. Ein älterer Mann bleibt neben ihr stehen und sieht auf die Seite. Er setzt sich wortlos zu ihr und zieht einen Stift aus seiner Jackentasche. Er schreibt in ihr Buch: „Wir haben es nicht geschafft." Dann steht er auf und geht weiter. Ava streicht mit dem Finger über die Worte.

Eine Weile sieht sie sich noch im Jahr 2050 um. Alles, was die Wissenschaftler prophezeit haben, ist eingetreten. Doch ihr fällt etwas auf, etwas, was ihr Hoffnung gibt. Die Menschen wirken, als wären sie endlich aufgewacht. Man hat begonnen, Bäume zu pflanzen und die Städte zu begrünen. Die heißen, trockenen Sommer, die Stürme und Überschwemmungen machen es nicht einfach, aber man gibt nicht auf. Es werden Bäume und Blumen gepflanzt, die mit dem schwierigen Klima besser zurechtkommen. Die Bauweise der Häuser hat sich verändert. Die Dächer besitzen Solaranlagen. In den Supermärkten gibt es kein Obst und Gemüse in Plastikverpackungen mehr. Fahrradwege wer-

den optimiert. Die Städte sind abends weniger beleuchtet. Man
versucht, mehr mit der Natur zu leben, anstatt gegen sie.

Es ist spät geworden. Ava sieht nach oben in den Nachthim-
mel, und sie sieht Sterne. Nicht so viele, wie man sie auf dem
Land sehen kann, aber viel mehr, als sie 2021 in der Stadt sehen
konnte. Hoffnung blitzt in Ava auf.

Das Ziel, bis 2050 klimaneutral zu werden und den Klimawandel abzuwenden, wird vermutlich schwer zu schaffen sein.
Dafür müsste jeder einzelne Mensch seine Lebensweise ändern.
Es ist nicht nur die Aufgabe der Politik, das Klima zu retten,
denn wie man weiß, dauert in der Politik einfach das meiste viel
zu lange. Wenn wir alle zusammenhalten und an einem Strang
ziehen, weltweit, vielleicht können wir es dann schaffen, unseren Planeten gesunden zu lassen. Wir und die nächsten Generationen werden durch den Klimawandel gehen müssen, mit all
seiner Härte. Ich glaube aber daran, dass unsere wunderschöne
Erde sich wieder erholen kann, irgendwann, wenn wir ganz viel
dafür tun.

Ich bin keine Wissenschaftlerin und keine Expertin, um sagen zu können, ob ein kaputtes Klima sich in vielen Jahren wieder heilen lässt, aber ich wünsche es mir für die nachfolgenden
Generationen von Herzen. Ich wünsche mir, dass eines Tages
auch die Stadtmenschen in einen atemberaubenden Sternenhim-
mel schauen können, jedes Kind wieder Glühwürmchen kennt,
Menschen ohne Zukunftsängste leben und wir viele Tiere noch
vor dem Aussterben bewahren können. Ich selber versuche meine Lebensweise zu verändern. Ich bin noch nicht perfekt, aber
ich lerne und versuche es schnell zu tun ... denn es sind nur 29
Jahre bis 2050.

MARTA GOWORKO

Ohne Wurzeln

Heute war ich auf der Baustelle
Und er grub ihre Wurzeln aus
Schöne
Starke und zerbrechliche
Eingewickelt im Kopfsteinpflaster
Klammerten sich buchstäblich an alles
Um nicht zu fallen
Verstehst du?
An jeden Stein, Schmutz, Kies und sogar Moos
Erinnert dich das an etwas?
Oder sind es wieder nur ein paar unnötige Worte?

Rotes Café

Auf einer Leiter stehend, flickte ich die Fensterläden
Ein Sonnenstrahl schlug mich ins Gesicht
Ich zischte durch meine Zähne
Weil ich Angst hatte, ich würde fallen
Ich bin nicht gefallen …
Ich bin erst nach 18 Uhr hineingegangen.

Heute also meine Kluft

Das Moos berührte mein Haar
Die Feuchtigkeit streichelte meine nackten Füße
Die Dunkelheit war so authentisch
daß ich mich selbst darin sah
Und der Geruch …
Von alten Knochen
Brot mit Schimmel
Und auch bei all dem gilt
Verstrickt in einen Abgrund
Kein Zurück mehr
Mit dem Rest der Worte auf meinen Lippen
Schließlich hat es das Gestern nicht gegeben,
das Morgen wird es nicht geben
und der Gestank der Gegenwart
wird in jeder Generation bleiben

Liebe

Liebe ist angeblich etwas Romantisches ...
Und ich assoziiere sie mit einem Löwenzahn auf dem Wasser
Dem beigen Lächeln der Kastanien
Mit literweise getrunkenem Wein
Sex unter altem Gerümpel
Und dem Grün von verbranntem Gras
Wenn man Lynch-Filme schaut
Küssen verlorene Morgen und Abende
Von praktisch jedem Teil deines Körpers

Sieht so Romantik aus?
Das glaube ich nicht.
Aber was ich erlebt habe, ist heißer.

Der letzte Tag eines besseren Morgens

Sie ging in einem grünen Kleid nach draußen
Sie wischte bunte Blätter vom Auto
Sie stieg ein, dann stieg sie aus, dann stieg sie wieder ein
Aber sie beschloß zu bleiben
Sie drehte sich um
Und es gab einen Morgen
Und alles, was sie tun mußte, war
die bunten Blätter vom Auto
wegzuwischen

Velours-Tast

Sonne, Sturm, Schnee, manchmal bunte Blätter
All dies funkelt in deinen Augen
Ich weiß nicht genau, welche Farbe sie haben
Braun, schwarz, Nuß vor dem Essen?
Oder vielleicht alles, was ich in ihnen sehen will …
Weil es in deinen Augen liegt, Velours
Alles wird gesehen
Wie sehr du mich liebst
Und es ist schön, weil es nichts
Für die Show …

Ein Zusammenstoß mit der Realität

Ich sah ihr in die Augen
Ich sah Streß
Ich sah ihr auf den Mund
Ich sah Wut
Ich betrachtete ihr Haar
Es war wie verbrannte Erde nach einem Feuer
Nach Säure
Nach der Hölle
Sie roch nach altem Zimt
Ich legte Pauspapier auf ihr Gesicht
Ich wollte sie abbilden, mich an sie erinnern
Ich werde kein Foto machen, weil es lügt
Wie ihre Haut
Wie ihre ungeschickten Bewegungen
Ich will dich nicht verlassen, weißt du?
Denn du bist mein Tempel der Akzeptanz

THOMAS HELMER

Ich frage nur

Ich frage nur
ich denke nicht
ich lass mich treiben
ich gebe ab
ich bin ich ohne mich

Ich überlass mich anderen
ich reihe mich ein in das Moderne
ich fühle mich frei von allem
ich bin jetzt im Zeichen der Zeit
ich bin ich ohne mich

ich bin von Grund auf unwissend
ich höre nicht zu
ich hebe die Schultern
ich erwarte und das sofort
ich bin ich ohne mich

ich habe meine Erwartungshaltung
ich will diese erfüllt wissen
ich brauche gleich und ohne Unterlass
ich bin wegweisend
ich bin ich ohne mich

ich gehe unbeirrt meinen Weg
ich schaue nicht
ich nehme nichts wahr
ich lebe in meiner eigenen Welt
ich bin ich ohne mich

ich sehe mein Gegenüber nicht
ich erkenne und meide seine Gestik
ich ziehe seine Gedanken nicht auf mich
ich strebe keine Unterhaltung an
ich bin ich ohne mich

ich telefoniere mobil egal ob man mich versteht
ich interessiere mich nicht dafür ob das gefällt
ich spreche und spreche und das laut
ich beabsichtige gehört zu werden
ich bin ich ohne mich

ich kümmere mich nicht
ich stelle mich dazu
ich mische mich ein in das Gespräch
ich lasse einen Menschen grundlos stehen
ich bin ich ohne mich

ich kenne das Thema und den Inhalt nicht
ich rede darauf los egal ob es interessiert
ich stehe jetzt im Mittelpunkt
ich fühle mich nun ganz und das sehr wichtig
ich bin ich ohne mich

ich geniere mich nicht für mein Verhalten
ich lebe nach den Worten der Werbung
ich mach sie mir zu eigen
ich lebe nach meinen Vorstellungen
ich bin ich ohne mich

Des Individuums Ohnmacht

Verdrossenheit macht sich breit,
die Politik erklärt und beschwört,
das Wahre und das Richtige
zu tun,
in dieser Zeit,
in der sich die Ereignisse
jeglicher Couleur
täglich selbst überholen.
Eine Nachricht
kommt nach der anderen.
Eilmeldungen ergänzen
diese Nachrichtenflut.
Tischrunden
in den Fernsehsendungen
reichern diese Flut
von Inhaltshülsen
noch an,
um anzunehmen,
diese unsere Gesellschaft
bräuchte
jenes gelangweilte Geplapper.
In diesen Runden
beschwören sie,
beginnen zu beschwichtigen
und meinen,
SIE
sind die Richtigen,
welche das Wichtige
zur richtigen Zeit
mit Weitsicht

und Weile
beurteilen.
Sie sprechen von
Politikverdrossenheit.
Die Mitbürger werden
nicht mehr erreicht,
sie stehen und sitzen da
und verstehen nicht,
warum dieses oder jenes so ist.
Das Geplapper erhitzt
die Gemüter
vor der Mattscheibe.
Die Bourgeoisie
ist mehr und mehr
gewillt abzuschalten,
um sich zu entziehen
dieser Unkultur
des Redenschwingens.
Sie ist es überdrüssig,
es noch länger anzuhören.
Sie macht aus sich heraus,
was sie machen muß,
um diesem Geschehen
wirklich zu entgehen,
sich zurückziehen
in die eigene
Ohnmacht.

MARC KAPPES

Finem capere (zu Ende gehen)

Wenn die Schleier des Abends auferstehen
und sich der Tagesnebel aufzulösen beginnt,
droht nachts eine Klarheit zu begehen,
und erscheinen Dunkelschatten im Mondlicht geschwind.

„Seht? Täte sich ein wirksam' Wunder ankündigen?"
Das Rieseln des sonnigen Gesichts einer Sternschnuppe
in die Lüfte, den Absturz zu bändigen
und die Feuerkraft: Inbrunst für das Gerippe!

Am Horizonte ein helles Spektakel – rege,
der Schweif des Meteors bahnt die Wege,
mit Glänzen den würdevollen Abgang zu sehen
und die schneidenden Konturen im Winde wehen.

Des mächtig' Feuer im Balle fällt ins Erdenreich,
die Prärie bebt im Zorne der seismischen Kraft!
Der Himmelskörper klafft in prächtigem Furor einen Bereich:
Hier gelten die Gesetze lebender Existenzen als abgeschafft!

Jeder Mensch – das Bildnis der apokalyptischen Welt vorgestellt –
sich in galoppierenden Hufen der keimenden Fantasie gesellt;
jeder Tag kann das Ende sein, doch horcht!
In glücklicher Harmonie leben besiegt die wahre Furcht!

Die pulsierende Kraft in den Herzen erwärmt,
der straffe Rhythmus an die Vitalität gelehnt,
wie sehr doch der Mensch davon schwärmt,
das Leben: Die Kostbarkeit als Labsal gekrönt!

In Lobeshymnen und prahlenden Siegeszügen gepriesen,
Glorie mit Gesang und Lorbeerkranze bestückt;
Freudentänze mit Wucht obiger Naturgewalt angestoßen:
Affirmation zum Leben, für das Menschsein geschmückt!

Ein Maskenball

In später Nacht: Ein Unheil mit Sturme den Schlafrhythmus
        gerügt,
nachtwandelnd und leicht benebelt sich der Protagonist
        mit Lesestoff begnügt.
In einem kleinen Bereich mit Sitztisch, Lehnstuhl
        und hochgelegtem Regal
sind Bücher antiker Kunst und feuriger Geschichten an der Zahl!

Doch sichtbar abgegriffen steht am Buchrücken der Titel
        „Die illustrierte Freude".
Seine müden Augen an diese Lektüre klemmen? Soll er
        es wagen?
Der Leser ist interessiert; er sich hiermit seine Zeit nicht
        vergeude!
Und der Leser sich erkühnt, die Seiten mit dem Lesezeichen
        aufzuschlagen:

Das Kapitel beginnt in einem Hauptsaale mit einzigartigem
        Zeremoniell:
Anmutig erscheinen die Kavaliere, im Schritt andächtig und
        erhaben!
Die heiteren Menschen in feinster Adelskostümierung
        unterhalten sich grell,
folgen ins Foyer, während sie sich am Prunke laben.

„Dero Gnaden, stimmen Sie bitte nun an das Menuett!"
Die Musiker spielen Allegretto; himmlische Töne zaubern
        das Streichquartett.
Ein Oberer die Hände hebt und die Menge hofiert:
Nach etlichen Tanzrunden haben sich auch Paare anders
        formiert.

Doch beim Schlendern und Tanzen geschah eine merkwürdige
     Novität;
als hätte die Stimmung im Raume Schabernack und Ulk gesät!
Im schwelgerischen Klang, die Musik bleibet stehen
     beim Menuett:
Aus den Reihen springt nun ein fürchterliches, klapperndes
     Skelett!

Man sieht die Kostbarkeit selten; einst so höfische Kavaliere
haben als Gesellschaft nicht ihr Pendant, sondern kostümierte
     Tiere!
Die holden Damen werden von Kichern und Gackern
     heimgesucht,
unglaublich sind sie im Wahn: Der Maskenball wirkt verflucht!

Unruhen, Verwirrung und Klamauk machen sich breit:
Zischen und kicherndes Gelächter dominieren die Runden,
niemand hier ist vom vibrierenden Zwerchfell befreit;
omnipräsent hat jeder sein komisches Gegenstück gefunden!

„Tretet allesamt ein, im Intermezzo der Gefühle,
dass sich jeder in der Realität verliere!"
Von der Loge aus überwacht diese Scharade;
von Seriosität zur Komödie, eine wahre Maskerade.

Ganzer Abend getanzt, doch allesamt verstummt zum
     Tagesanbruch!
Die Gäste – wie Echo aus dem Lärmgefecht gedroschen,
Die Dämonie, die kecken Einklang fand, ward erloschen;
vollschläfrig schließt der Leser die Seiten vom märchenhaften
     Buch.

CHRISTINA LINGENHÖL

Echtes Leben

Wie wunderschön die Natur doch ist,
zu schade, wie oft man den Blick dafür vergißt.
Gefangen vor all den Bildschirmen in unserem Leben,
tun wir so, als würde es die Welt da draußen nicht geben.
Man chattet und schreibt nur noch leere Worte,
dabei gibt es so wunderschöne Orte.
Gemeinsam an einem Fluß spazieren gehen,
anstatt sich nur in Videokonferenzen zu sehen.
Gemeinsam mit den Füßen in einen See eintauchen,
anstatt sinnlos sein Datenvolumen aufzubrauchen.
Wir verlieren so viel, obwohl wir doch immer mehr besitzen,
sind nur am Rennen, anstatt gelassen auf einer Parkbank
   zu sitzen.
Wir bleiben gar nicht mehr stehen, um den Vögeln zuzuhören,
stattdessen wollen wir nur leere Töne über unsere Kopfhörer
   hören.
Schade, daß wir den Regen auch nicht mehr zu schätzen wissen
und stets immer nur den Sonnenschein vermissen.
Doch ohne Regen gäbe es keinen Regenbogen,
über dem schon so manche Träume flogen.
Jetzt kann man sich Sonnenlicht schon im Solarium holen,
man hat den Menschen doch irgendwo ihren Verstand gestohlen.
Wir sollten die Augen aufmachen und es endlich erkennen,
wollen wir wirklich eine solche Welt „unser Leben" nennen?
Im Ernst, so viele Dinge, die wir kaufen,
liegen irgendwann bei all dem anderen Schrott auf einem
   Haufen.

Was wir wirklich brauchen, ist der Wind, der uns um die Nase
       weht,
und nicht noch eine Serie mehr, die ihr im Fernsehen seht.
Schreibt eure eigene Geschichte, geht raus in die Welt,
wer weiß, ob euch dabei vielleicht ein Stück „echtes Leben"
       in die Hände fällt.
Fangt es auf, inhaliert es und atmet ganz tief ein,
denn was gibt es Schöneres, als von der Natur umarmt,
       am Leben zu sein?

JOANNA MASSELI

WENN WORTE BLÜHEN

ich schenke dir Freude
zum Tageserwachen
einen Blumenstrauß
aus Blicken

wenn die Grashüpfer
die Geigen gestimmt haben
verneigen wir uns vor ihnen

was wir säen ernten wir
ein Gesetz der Natur
jeder Schritt auf dieser Erde
hinterlässt eine Spur

tanze mit mir ins Glück hinein
im Takt der ersten Sonnenstrahlen
küsse den Wind
atme tief ein
im Tanz verführt im Morgengrauen

ein guter Traum
steht auf zwei Beinen
barfuß im Tau

lass uns die Sonne innig umarmen
lass uns ewig sein

GÜNTHER MELCHERT

Die Jahre des Wolfs

Schon bevor der Junge, von dem die folgende Geschichte erzählen wird, auf die Welt kam, stand die Ehe seiner Eltern auf so tönernen Füßen, dass sie zu zerbrechen drohte; auch seine Geburt konnte die Ehe nicht kitten. Der Verdacht lag nahe, die Mutter würde ihren wegen Zwistigkeiten mit ihrem Mann in einer auch emotional aufgeladenen Gewitternacht gezeugten Jungen nicht annehmen. Umso erstaunter registrierte die Familie, dass die Mutter so vehement um den Namen ihres Jungen kämpfte wie eine Löwin oder auch eine Wölfin um ihr Junges.

Der Vater hatte für den Jungen den Namen Karl ins Auge gefasst. Da ging die Mutter mit ausgestrecktem Zeigefinger auf ihn los und zeterte: „EIN Karl in der Familie, das ist schon einer zu viel!" Dann bestand sie auf dem Namen Rolf, womit sie bei ihrem Mann auf Granit biss. Nach langem Palaver einigten sie sich auf den Rufnamen Olaf – eine kleine Verbeugung des Vaters vor Mutters Vorfahren, die aus Skandinavien eingewandert waren. Im Familienstammbuch stand schlussendlich als Kompromiss Karl, Olaf, Rolf …

Als Olaf viele Jahre später von diesen Auseinandersetzungen hörte, wollte er von Mutter wissen, wie sie über den Namen Rolf auf Olaf gekommen sei. Sie antwortete augenzwinkernd: „Weil jeweils drei der vier Buchstaben identisch sind." Da Olaf mit dieser Ironie nichts anfangen konnte und die Stirn krauszog, fügte sie rätselhaft reimend hinzu: „Was es mit Rolf auf sich hat, das kannst du selbst herausfinden – du musst dich nur ein bisschen schinden." Aber er ahnte nicht, dass viele Jahre ins Land ziehen würden, bis er es schaffte.

Den Vater konnte Olaf nicht fragen; von Beginn der Ehe an

nur selten zu Hause und auch zum Unterhalt seiner Familie nur unzureichend beitragend, streunte er seit Jahren als „Küchenchef von Rang", also mit Auszeichnungen versehen, durch vornehme Restaurants und Hotels entlang der Weltgeschichte, wie Mutter seine permanente Abwesenheit umschrieb. Als Ende der Dreißiger- und Anfang der Vierzigerjahre des 20. Jahrhunderts die kriegsbedingte Einberufung drohte, verdingte er sich in einem deutschen Offizierskasino, in dem ausschließlich hohe Chargen verkehrten, die seine Kochkünste nicht missen mochten und seine Freistellung erreichten, um nicht zu sagen erpressten.

Die ewigen Gänge zu Anwälten scheuend, verdiente Mutter selbst die Brötchen als Direktrice in einem Frauenbetrieb für Berufskleidung, in dem inzwischen in erster Linie Soldatenuniformen hergestellt wurden, während ihr Junge von Pflegefamilien betreut wurde.

Wenn es um ihre eigene Kindheit ging, gab die im Betrieb stark verbal geforderte, privat daher einsilbige Mutter sich redselig, und so erzählte sie oft von Russland, wo sie als junges Mädchen mit fünf Geschwistern (zwei Brüdern und drei Schwestern) zu Beginn des vorigen Jahrhunderts unter der strengen Obhut (die Geschwister nannten es Fuchtel) ihrer Mutter aufgewachsen war, nachdem der Vater eine Anstellung als Ingenieur bei der Kaspischen Schwarzmeer-Gesellschaft erhalten hatte – in Baku, nach wie vor Hauptstadt von Aserbaidschan, auf der Halbinsel Apscheron, die ins Kaspische Meer hineinragt. Seit eh und je ist die Halbinsel und somit auch Baku für immense Erdöl- und Erdgasvorkommen bekannt, allerdings auch für Schlammvulkane und Mineralquellen sowie für Wein- und Melonenanbau.

Getauft war Olafs Mutter, die älteste der Geschwister, auf den Namen der österreichischen Kaiserin Maria Theresia, sie wurde aber von den russischen Kindern Manjala und später Manja gerufen, worüber sie sich sehr freute, zumal sie erfuhr, dass

Manja als internationale Umschreibung für „Die Liebenswerte" galt. Der eigentlich elegante Vorname Maria Theresia war Manja umso suspekter, nachdem sie erfahren hatte, dass Maria-Theresien-Orden als Kriegsauszeichnung verliehen worden waren. Ihre nächstjüngere Schwester Josefine, Finny genannt, wurde von den russischen Kindern seltsamerweise Lena gerufen. Aber das stellte sich als Missverständnis heraus: Sie riefen Leana, fügten also ein weiteres „a" ein, und auch sie behielt den Kosenamen ihr Leben lang. Die jüngste Schwester hieß wie die Mutter Christine, wurde von den russischen Kindern jedoch Mytti genannt, was seltsam klang, aber den Vorteil hatte, dass ihr tatsächlicher Vorname nicht mit jenem der Mutter verwechselt werden konnte.

September 1914

Als die Überleitungsvereinbarung nach drei Jahren erlosch, wollte die Familie ins Rheinland zurückkehren: Da wurde der Erste Weltkrieg vom Zaun gebrochen und die Familie nach Sibirien interniert. Sibirien steht nach wie vor für staatlichen Freiheitsentzug, wird aber auch als Drohung missbraucht: „Noch ein krummes Wort, und es geht für dich bergab nach Sibirien!" Sibirien ist der Inbegriff für unwirtliche Landschaften und eisige Kälte, hat als riesiges, bis nach Ostasien reichendes Gebiet aber auch viele positive Aspekte, deren Erwähnung hier zu weit führen würde. Die Familie kam nicht in Haft, sondern wurde in einer kleinen Ortschaft namens Unschah am Ufer eines kleinen gleichnamigen Flusses angesiedelt. Die romantische Landschaft zwischen der Großstadt Irkutsk und dem Baikalsee entschädigte für jenen den Eltern auferlegten Zwang, den kleinen Ort, wohin sie deportiert worden waren, nicht verlassen zu dürfen, obwohl er sehr abgelegen war. Den Kindern wurde jedoch freier Auslauf gestattet, vermutlich, weil die Obrigkeit davon ausging, dass sie ohne Eltern niemals die Flucht ergreifen würden.

Der Familie wurde sogar am Rande der Ortschaft ein kleines Haus zur Verfügung gestellt – möglicherweise unter dem Einfluss des ehemaligen Arbeitgebers, der Kaspischen Schwarzmeer-Gesellschaft, bei welcher Ingenieur Wilhelm einschließlich seines deutschen Maschinenmeisters Bernhard enormes Ansehen genossen hatte. Die Firma hatte der Familie auch schon in Baku ein geräumiges Haus zur Verfügung gestellt nebst Personal wie Köchin, Hausmädchen, Hauslehrer für Russisch und Deutsch, sogar einen Gärtner – ein Komfort, auf den sie in Sibirien selbstredend verzichten mussten.

Entsprechend der Lage des Ortes gestaltete sich die Versorgung mit Lebensmitteln, um die sich die Familie selber kümmern musste, als schleppend. Sie backten ihr Brot selbst. In dem großen Garten, den sie rund um das Haus anlegten, bauten sie Kartoffeln, Gemüse und Obst an. Darüber hinaus hielten sie Geflügel. Aber das alles reichte nicht, zumal finanzielle Engpässe zu bewältigen waren. Schweren Herzens wollte Manjalas Mutter Christine, von der Natur mit in der Sonne leuchtendem Kupferhaar beschenkt wie auch Manjala, sich von ihrem Schmuck trennen, um ihn als Tauschobjekt anzubieten. Das ließen ihre beiden halbwüchsigen Söhne Willem und Franz nicht zu. Einem kleinen Birkenhain am Rande des Dorfes zapften sie Wasser ab und verarbeiteten es zu Duftstoffen und Haarwuchsmitteln, womit sie schwungvoll Handel trieben. Von welcher staatlichen Stelle der Familie und ob überhaupt zumindest geringe Geldmittel zur Verfügung gestellt worden waren, davon war nie die Rede, und es gelang Olaf später auch nicht, dies zu recherchieren. Seltsamerweise hat keines der Kinder ihren Eltern jemals eine Frage in dieser Richtung gestellt, und als Olaf sich mit dieser Frage beschäftigte, lebte von der vorigen Generation niemand mehr.

Sommer 1915: Vaters Inhaftierung

An einem frühen Morgen angelte der Vater an einem kleinen Nebenfluss der Unschah, der an der östlichen Peripherie des Ortes nach Norden floss. Missgünstige Ordnungshüter legten dem Vater das Angeln als Vorwand aus, mit einem kleinen Boot, das zufällig in der Nähe verankert war, zur Ostsee zu fliehen, und so wurde er in ein berüchtigtes Gefängnis auf einem der hohen Hügel, die den Baikalsee umgaben, deportiert. Manchmal wurden Häftlinge, darunter auch viele Einheimische, bei ihren Rundgängen auf den Gefängnisturm geführt, eine zusätzliche Schikane, um ihnen den Mund wässerig zu machen, weil von hier kilometerweit freie Sicht über die Nadelwälder der Taiga herrschte. Wem es gelang, dort unterzutauchen, der war nicht mehr aufzuspüren. Jeder wusste, dass südöstlich vom Baikalsee quer durch die dichten Wälder die Grenze zur Mandschurei hin verlief.

Manjalas Rettung

Die vierzehnjährige, umtriebige Manjala hatte sich mit gleichaltrigen Mädchen aus der Nachbarschaft so angefreundet, dass sie von diesen eingeladen wurde, mit ihnen im an den Ort grenzenden Wald Beeren zu sammeln. Jedes Mädchen hatte einen Korb in der Hand oder ließ diesen um das Handgelenk oder den Unterarm baumeln oder kreisen. Auf den Weg achtete Manjala nicht, auch nicht darauf, dass sie relativ tief in den Wald eindrangen; die exotische Baum- und Pflanzenwelt fesselte Manjalas Aufmerksamkeit; was den Weg betraf: Ihre Begleiterinnen kannten sich aus.

Während sie an einer günstigen Stelle rasteten und dann damit beschäftigt waren, viele reife rote saftige Beeren von Sträuchern zu pflücken (manche fanden auch den Weg in die

Schleckermäulchen), legte Manjala eine kurze Pause ein und nutzte diese, um die Nase in eine Höhle zu stecken und, da diese dem Anschein nach unbedenklich war, in diese einzudringen.

Drinnen war es so dunkel, dass sie kaum etwas sah, zumal sie aus dem Hellen gekommen war. Dann nahm sie jedoch einen großen Schatten wahr, der sich zu bewegen schien. Instinktiv trat sie den Rückzug an und schloss, von der Helligkeit des Tags geblendet, kurz die Augen. Da die Mädchen im Chor Schreie ausstießen, öffneten Manjala die Augen wieder und erschrak dermaßen, dass ihr jeglicher Schrei im Hals stecken blieb. Vor ihr hatte sich groß und breit eine Gestalt erhoben – nicht etwa ein Rübezahl aus dem Erzgebirge oder aus dem Siebengebirge ein Drachen, wie sie ihn aus der Siegfriedsage im Rheinland vermutet hätte – sondern ein leibhaftiger Bär. Aber dieser Bär war so baff, als hätte er sich genauso erschreckt wie die Mädchen; jedenfalls stand er zunächst nur krumm und stumm herum, aber nicht dumm. In die Mädchen kam jedoch Bewegung, und sie rannten davon, was die Beine hergaben.

Kurze Zeit später folgte Manjala ihren Freundinnen. Sei es, dass sie noch erschrockener war als diese oder weil sie rundlich und behäbiger war. Jedenfalls verlor Manjala ihre Freundinnen aus den Augen. Bei einem flüchtigen Blick zurück, den sie sich nicht verkneifen konnte, sah sie, dass auch der Bär sich in Bewegung setzte, aber er schien keinen Gedanken daran zu verschwenden, den Mädchen zu folgen, während Manja versuchte, ihren Freundinnen nachzujagen.

Sehr dicht war der Wald hier nicht, eher licht, vielleicht hätten die Sträucher sonst nicht genug Helligkeit abbekommen, um die Beeren hervorzubringen und auch noch welche für die Mädchen abzuzweigen. Unterwegs wunderte Manjala sich über die unvermutete Anwesenheit des Bären, bis ihr einfiel, dass diese zwar Raubtiere sind, sich aber wie Menschenkinder gern an Beeren gütlich tun.

Stichwort Beeren. Zunächst konnte Manjala, während sie ihren Freundinnen zu folgen versuchte, sich an den Beeren orientieren, die aus den Körben der Mädchen über den Waldboden gerollt waren, und an Spuren roten Saftes, der herausgetropft war, aber diese Spuren wurden immer dünner.

Manjalas Rufe nach den Mädchen verhallten, und sie begann, sich in der Einsamkeit zu fürchten. Gedankliche Vorwürfe machte sie ihren Freundinnen nicht. Sprüche wie „In der Not ist sich jeder selbst der nächste" fand sie widerlich und auch falsch. Für sie war verzeihlich, dass ihre Freundinnen losgerannt waren, und sie fühlte sich auch nicht im Stich gelassen. Daher gab sie es auch auf, den Mädchen hinterherzurufen. Um ihnen hinterherzulaufen, war die Strecke zu unwegsam und Manjala auch nicht flink genug.

Die einzigen Geräusche bildeten das Knacken von Zweigen, die am Boden lagen und über die Manjala zuweilen stolperte, und das Zwitschern von Vögeln, das in dieser Lage in ihren Ohren jedoch kläglich klang. Aber plötzlich vernahm sie ein Geräusch, das sie hier im Wald niemals erwartet hätte. Es läutete eine Glocke – wie eine Kirchenglocke. Aber wieso? Natürlich, die Kirchenglocke läutete aus dem Ort Unschah mit dem gleichnamigen Fluss, von wo sie aufgebrochen waren. Aber wieso um diese Zeit? Spätnachmittags wurde keine Messe gelesen. Und – noch seltsamer – wieso hörte die Glocke nicht auf zu läuten? Hoffentlich war nichts passiert. Etwa ein Brand. Im Sommer waren Waldbrände zwar nicht an der Tagesordnung, aber sie kamen gelegentlich vor. Außerdem, hier in der Nähe konnte nichts passiert sein, sonst würde Manjala zwischen den Wipfeln der Bäume Rauch sehen oder, falls er nach unten ströme, sogar riechen.

111

Plötzlich dachte sie im Zusammenhang mit dem Glockengeläut an den lieben Gott. Und sie tat etwas, das sie nur selten tat, sie fing an zu beten: „Lieber Gott, lass die Glocke weiter läuten, dann weiß ich wenigstens, in welche Richtung ich weiterlaufen muss." Und sie dankte Gott für das gute Gehör, das er ihr geschenkt hatte – als Ausgleich für ihre schwachen Augen ...

Irgendwann wurde sie zu müde zum Beten und zum Denken, und sie spürte das Brennen ihrer müden Füße. Doch bevor sie es sich versah, öffnete sich plötzlich der Wald, und Manjala traute ihren wie gesagt schwachen Augen nicht: Mindestens hundert Leute, von kleinen Kindern angefangen bis zu uralten Greisen, rannten jubelnd auf sie zu und fingen sie in ihren Armen auf. Nie hätte sie vermutet, dass es ein solches Aufheben, vielmehr eine solche Anteilnahme für ein Mädchen aus der Fremde geben könnte, schon gar nicht für ein Mädchen, das aus einem Land stammte, das gegen Mütterchen Russland Krieg führte!

Nachdem Manjala zu sich gekommen war, erfuhr sie auch, warum die Glocke unentwegt geläutet hatte: ausschließlich für sie, Manjala, damit sie sich zurechtfinden könnte ...

Winter 1915

Nach vielen vergeblichen Versuchen gelang es dem Familienoberhaupt, inzwischen längst der russischen Sprache mächtig, auch schriftlich, dem neuen Gefängnisdirektor zu vermitteln, dass er sich keine Sekunde mit Fluchtgedanken abgegeben hatte und dass auch künftig in dieser Hinsicht keine Gefahr bestand. „Um keinen Preis der Welt würde ich meine Familie – meine Frau und sechs Kinder – hier in Sibirien im Stich lassen!" Dieses Argument klang so glaubwürdig, zumal in den Ohren der kinderlieben Russen, dass Manjalas Vater nach langwierigen Gnadengesuchen endlich auf freien Fuß gesetzt wurde.

Umjubelt von den Seinen daheim angekommen, sah er, wie ein kleines struppiges Etwas schwanzwedelnd an seinen Stiefeln schnüffelte. Nachdem er den neuen Familienzuwachs genauer in Augenschein genommen hatte, fiel ihm fast die schmauchende Pfeife aus dem Mund, und er tat kund: „Seid ihr von allen guten Geistern verlassen? Das ist kein Hund – das ist ein Wolf. Seine Mutter hat ihn rechtzeitig den nächsten Menschen vor die Tür gelegt, weil sie ihren Sprössling nicht durch den besonders strengen Winter hätte bringen können. Den zugegeben jetzt noch niedlichen Wolf zu behalten, wird lebensgefährlich, denn früher oder später bricht seine Raubtiernatur durch …!"

Trotz allem Flehen seiner Kinder, besonders von Manjala, bestand der Vater darauf, das in ihren Augen harmlos und sogar wehrlose Wölfchen im Wald auszusetzen. Dies fiel den Kindern umso schwerer, weil sie es selber tun mussten. Die Eltern durften von Staats wegen weder zum Fluss noch zu den Bahngleisen vordringen, geschweige zur Tundra oder Taiga. Den Kindern wurde in ihrem Bewegungsdrang keine Beschränkung auferlegt. Nicht nur wegen der sprichwörtlichen Kinderfreundlichkeit der Russen, sondern weil die Behörden davon ausgingen, ohne ihre Eltern würden Kinder niemals fliehen – schon gar nicht im unwirtlichen, übelbeleumdeten und lebensbedrohlichen Sibirien.

Nachdem die Kinder ihren kleinen Freund, der für sie wie ein Bruder war und den sie folglich wie einen solchen behandelten – sogar fürsorglicher, da sie einander oft kebbelten oder sogar in die Haare kriegten –, in den Wald gebracht hatten, sahen sie schon von weitem zwischen Bäumen und Büschen Artgenossen von ihm, jedoch jenseits eines Bachs. Den Kleinen auf den Armen, watete Willem, der älteste Bruder, jedoch noch zwei Jahre jünger als Manjala, zum jenseitigen Ufer des Bachs und setzte ihn auf einem Wiesenstreifen ab, von wo er seiner Familie völlig verstört und todtraurig nachblickte. Von Gleichaltrigen zunächst

gestoßen und gebissen, wurde er von deren Mutter jedoch angenommen und beschützt. Willem gaukelte seinen jungen Geschwistern vor, vermutlich sei sie die leibhaftige Mutter ihres
Lieblings. Als sie das ihrem Vater nach der Rückkehr erzählten,
verzichtete er auf die schulmeisterliche Berichtigung: „Ihr meint
die leibliche Mutter. Der Leibhaftige, das ist der Satan." Dass
die Wölfe offensichtlich einem anderen Rudel angehörten, wurde den Kindern zuliebe nicht erwähnt. Sie merkten es trotzdem
und waren desto unglücklicher.

Hin und wieder schlich Manjala allein zu dieser Uferstelle;
der Kleine schien sie zu wittern, denn jedes Mal erschien er am
Bach, aber wegen der inzwischen wieder vorgerückten Jahreszeit, in der die Blätter der Bäume sich bereits herbstlich färbten,
war der Bach so reißend, dass die beiden nicht zueinanderkom-
men konnten.

In der nächsten Nacht träumte Manjala davon, wie sie und
Leana die kleine Katze Minka wie einen Ball minutenlang im
Garten über eine eiserne Teppichstange hin und her warfen.
Also war es für die Mädchen ein Spiel. Dass Minka kläglich
miaute und strampelte, nahmen sie nicht ernst. Als die Brüder

der Mädchen eingriffen, war es zu spät; Minka rührte sich nicht mehr. Aber es war nicht nur ein Traum, sondern im Jahr zuvor tatsächlich passiert.

Als Manja schweißgebadet wach wurde, musste sie daran denken, was ihrem Wölfchen im Wald zustoßen könnte, dies, wenn auch nur indirekt, durch ihre Schuld, da sie sich vorwarf, nicht genug um ihn gekämpft zu haben. Da lief sie in den Wald, zum Bach; ihr Herzblatt war schon da; sie winkte ihm zu und rief ihn. Mit einem wilden Satz stürzte er sich in die Fluten, kam aber gegen die Strömung nicht an und wurde abgetrieben.

Wochen zuvor war Nichtschwimmerin Manja, während sie ihrer Mutter am Fluss Unschah beim Wäschewaschen zur Hand gegangen war, mit einem Uferstück eingebrochen. Seitdem hatte sich ihre Angst vor Wasser in Panik gesteigert. Trotz allem … Zum zweiten Mal Schuld am Tod eines geliebten Tieres auf sich zu laden, das hätte sie nicht ertragen und sich nie verziehen. Also stieg sie in den reißenden Bach, und es gelang ihr, unter Aufbietung aller körperlichen und mentalen Kräfte, den inzwischen großen und relativ schweren Wolf zu bergen, was den Vater so rührte, dass er die ‚Begnadigung' duldete …

Sommer 1916:
Wie die fünfjährige Mytti zur Heldin avancierte

Irgendwann drang ein dickbäuchiger, bis an die Zähne bewaffneter Polizist ins Haus ein und erhob lautstark irgendwelche kauderwelschartigen Vorwürfe gegen das Familienoberhaupt, sodass niemand ein Wort verstand. Wilhelm war umso ungehaltener, da er bereits mehrfach zu Unrecht inhaftiert worden war; entsprechend gebärdete er sich, und da der Polizist immer noch nicht begriff, suchte er sein Heil sogar in wildem Gestikulieren.

Die Lage eskalierte. Plötzlich hatte der Polizist eine Pistole in der Hand, fuchtelte wild damit herum und schien so erregt, dass nicht nur seine Hand zitterte, sondern sogar sein Schnauzbart, aber offenbar stand sein Verstand still, bis seine rechte Hand auszurasten drohte.

Wilhelm wurde leichenblass und stand da wie erstarrt, zumal der Dicke inzwischen die Waffe auf ihn richtete. Wilhelms Frau Christine, die Mutter der Kinder, stand in dem Ruf, ein lockeres Händchen zu haben. Üblicherweise äußerte sich dies darin, dass sie hin und wieder zu Ohrfeigen ausholte. Jetzt schlug sie reflexartig mit einem Handkantenschlag dem übergriffigen Polizisten die Pistole aus der Hand, und diese schepperte unter die Bank des jetzt mitten im Sommer natürlich ungeheizten Ofens.

Zu Tode erschrocken, standen alle herum wie angewurzelt. Nicht so Mytti. Sie baute sich, beide Fäuste in die Taille gestemmt, vor ihrer Mutter auf und gab lautstark wieder, was sie von ihr und ihrem Vater gelernt hatte: „Wie kannst du es wagen, jemanden zu schlagen? Das tut man nicht. Dreimal pfui!" Und bevor die Gesellschaft sich versah, was weiter geschah, kletterte Mytti unter die Ofenbank, holte die Pistole hervor und händigte sie dem verdutzten Polizisten aus. Da brach er aus, und zwar in ein dermaßen schallendes Gelächter, dass es von den Wänden widerhallte und sein Bauch wackelte.

Dann legte er die Pistole auf den Tisch, schloss Mytti in die Arme und herzte und küsste sie wie eine eigene Tochter. Da auch ihr Vater über einen vergleichbaren überdimensionalen Schnauzbart verfügte, störte es sie nicht, sie gab ihm den einen und anderen Kuss sogar zurück, und die Wogen waren im Handumdrehen so geglättet, dass die beiden Männer sich spontan ebenfalls umarmten wie beste Freunde. Und es wurde den Deutschen bewusst, dass solche Szenen für die russische Seelen zwar nicht an der Tagesordnung sind, aber nicht ungewöhnlich wie auch unerwartete Wutausbrüche.

Von Stunde an erschien mindestens einmal pro Woche der Polizist auf der Matte. Zunächst wurde von der Hausherrin ein Samowar mit Tee kredenzt, dazu selbst gebackener Kuchen. Dann zogen die Männer sich in den Raum zurück, den Wilhelm für sich beanspruchte. Der Polizist köpfte eine Flasche Wodka, und die beiden Männer sprachen so lange dem Wodka zu, bis kein Tropfen mehr in der Flasche gluckste. Ansonsten spielten sie das russische Nationalspiel, das auch Wilhelm aus dem Eff-eff beherrschte: Schach. Und die Männer blieben Freunde, so-lange die deutsche Familie in Unschah wohnen blieb.

Sommer 1918

Zwei Jahre später, nach Beendigung des Krieges, stand die Wie-dervereinigung in Aussicht, denn die Familie durfte in die Hei-mat zurückkehren. Offiziell – welch ein Hohn und welch eine Umkehrung der moralischen Verhältnisse! – wurde die Familie sogar ausgewiesen, als hätte sie sich widerrechtlich in Russland aufgehalten, obwohl sie bisher zwangsweise festgehalten wor-den war, immerhin, ohne in den letzten beiden Jahren physisch bedrängt worden zu sein! Aber die Rückkehr nach Deutschland, genauer gesagt ins Rheinland, wurde teuer erkauft.

Zunächst eine positive Nachricht nach Deutschland. Chris-tine, die Mutter von Manjala und ihren Geschwistern, wurde, obwohl schon über vierzig, nach Jahren Geburten betreffender Enthaltsamkeit noch einmal von einer Tochter entbunden – in St. Petersburg, wo klinisch optimale Hilfe zu erwarten war und auch gewährt wurde. Aber schon die Szene nach Einlieferung und Un-tersuchung in der Klinik verlief hochdramatisch. Die zuständige Ärztin eröffnete dem Vater der Geschwister: „Wir können nur

117

eine retten: deine Frau oder euer Baby." Seltsamerweise sollte ER die Entscheidung treffen, wer überleben dürfe, was ein bezeichnendes Licht auf die damaligen Rechte von Frauen wirft, vermutlich nicht nur in Russland.

Überliefert ist Wilhelms burschikose, aber entschiedene Antwort: „Kinder habe ich genug, aber nur EINE Frau, also erübrigt sich jedes weitere Wort." Für ihn spricht jedoch, dass er sich mit den Kindern abgesprochen hatte. Verständlicherweise hatte kein Kind für das noch ungeborene Leben, sondern ausschließlich für die Mama plädiert – trotz ihrer Strenge. Die Behauptung: „Unsere Mama hat ein lockeres Händchen!", war spätestens nach ihrer handgreiflichen Auseinandersetzung mit dem Polizisten in Unschah zum alltäglichen Spruch geworden. Dennoch merkte die Ärztin, wie schwer Vater und Kinder – jeder mit sich – rangen und zur Ruhe zwangen. Das bewog die Ärztin, alles abzurufen, was sie im Rahmen ihrer Fähigkeiten und den Fähigkeiten ihrer Station in die Waagschale legen konnte, und sorgte so für eine Riesenüberraschung: Mutter und Kind, ein Schwesterchen, dem die Familie den Namen Mathilde gab, überstanden die Geburt nicht nur: Sie waren wohlauf.

Noch nicht aus der Klinik entlassen, erfüllte Christine sich einen lang gehegten Wunsch: an den Ufern der Newa auf einer Bank sitzend das Winterpalais zu bewundern – Arm in Arm mit Ehemann Wilhelm. Dort wehte schon bald dermaßen heftiger Wind, dass Wilhelm zur Rückkehr ins Hospital mahnte. Christine schmiegte sich an ihn und bat ihn wie ein junges Mädchen: „Lass uns noch ein bisschen hierbleiben, es ist so schön." Da zog er seine Jacke aus, breitete sie über die Schultern seiner Frau, und sie schmiegten sich noch enger aneinander als zuvor.

Doch dann dachte der literaturbewanderte Wilhelm an Johann Wolfgang von Goethe. Goethe war zwar Dichter, aber auch Hypochonder, also litt er an eingebildeten Krankheiten. Inzwischen über achtzig handelte er sich (es passierte 80 Jahre zuvor in Weimar) eine so schwere Erkältung ein, dass er sicherheitshalber über einen längeren Zeitraum hinweg das Bett hüten musste, wie es damals antiquiert umschrieben wurde. Kaum war er wieder auf den Beinen, ließ er sich mit einer Kutsche ausfahren und war so selig, wieder frische Luft zu atmen, dass er sich den wärmenden Schal vom Hals riss, wie ein Jüngling aufsprang und in Jubelstürme ausbrach. Aber das wurde ihm zum Verhängnis. Er erlitt einen so schweren Rückfall, dass er im Alter von 82 Jahren starb.

Nach diesem historischen Abstecher zurück zu Wilhelm und Christine und der neugeborenen Mathilde in St. Petersburg, das inzwischen in Leningrad umbenannt worden war. Nachdem die Familie in der Heimat im Rheinland davon Wind bekommen hatte, dass Christine 1918 mit über vierzig noch einmal schwanger geworden war (das letzte Kind, Tochter Mytti, war 1911 in Deutschland geboren), wurde Wilhelm heftig kritisiert, seine „unseligen" Triebe nicht beherrscht zu haben; aber Christine nahm ihn in Schutz: Mathildchen war beider Wunschkind, sozusagen als Dank für die Beendigung des Krieges. Darüber unterhielt sich das Ehepaar jetzt auf der Bank an den Ufern der Newa mit Blick auf das Winterpalais.

Sie blieben unvernünftigerweise so lange, dass Christine eine Lungenentzündung erlitt, von der sie sich nicht mehr erholte. Die offizielle Todesursache lautete, da Christine noch nicht aus dem Spital entlassen worden war: Bettlungenentzündung, anderenfalls wäre die Klinik womöglich wegen Verletzung der Aufsichtspflicht über Patientin Christine belangt worden, und Wilhelm machte sich rasende Vorwürfe, sich nicht gegen seine Frau durchgesetzt zu haben; andererseits hatte er es nicht übers Herz gebracht, den unbedingten Wunsch Christines zu versagen, und so hatte er mit ihr trotz des heftigen Windes zu lange an der Newa ausgeharrt …

Das winzige Töchterchen Mathilde war noch nicht reisefähig. Eine befreundete deutsche Familie – ihre Rückreise nach Deutschland war für wesentlich später anberaumt – schwor hoch und heilig, die Kleine mit heimzubringen.

Manjala sagte später: „Als ich sah, wie die kinderlose Ärztin, die wie eine Löwin um das Überleben von unserer Mutter und unserem Schwesterchen gekämpft hatte, bei unserer Verabschiedung unser Mathildchen ans Herz drückte, wusste ich: Wir sehen die Kleine nie wieder ..." Und so geschah es. Alle Bemühungen Wilhelms – auch über den Umweg der besseren diplomatischen Beziehungen von Schweden zur Sowjetunion im Vergleich zum deutschen Feind – verliefen im Sande.

Es gab noch jemanden, den die Familie nicht wiedersah: ihren Wolfshund. Sie durften ihn nicht mit nach Deutschland nehmen. Eine befreundete russische Familie nahm sich seiner an. Monate später musste diese in einem Brief ins Rheinland eingestehen, dass er in den Fluten der Newa ertrunken war, und Manjalas jüngster Bruder Franz, damals elf Jahre jung, war fest davon überzeugt, ihr Schützling hätte den neuerlichen Abschiedschmerz nicht ertragen. In der Meinung, am gegenseitigen Ufer der Newa auf seine Menschenfamilie, vor allem auf Manjala zu stoßen, wäre er ertrunken. So weit verstieg der Vater sich nicht, räumte aber ein, dass etliche wilde Tiere sich hin und wieder von Menschen so domestizieren lassen, dass sie bei Konflikten zwischen allen Stühlen hocken oder den Menschen stärker zugeneigt sind als ihrer Rasse.

Viele Jahre später

Zumal von ihrer gescheiterten Ehe und von zahlreichen Krankheiten zermürbt, gestaltete sich auch das weitere Leben von Manjala am Rande des Erträglichen. Trotzdem wurde sie fast neunzig Jahre alt. Doch bis zu ihrem Tod hat Sohn Olaf nicht erfahren, was es mit den seltsamen Heimlichkeiten, die sich um seinen Vornamen rankten, auf sich hatte. Bis er in Mutters Nachlass ein vergilbtes Blatt Papier fand, sinnigerweise versehen mit einem Briefkopf der Kaspischen Schwarzmeer-Gesellschaft – vermutlich ein Relikt aus einem Bestand von Arbeitspapieren ihres Vaters.

Auf dem Blatt stand: „Oh du mein Mütterchen Russland! Ich vermisse dich so sehr, obwohl du uns hin und her geschoben hast wie eine Herde Schafe. Ob am Kaspischen Meer, am Schwarzen Meer, auf dem Dnjepr, der Wolga oder auf der kleinen Unschah: Überall bist du schön. Aber besonders strahlend hast du dich gezeigt im jungfräulichen, schneeweißen Kleid in den Winternächten am Baikalsee. Wenn auch getrübt durch das trügerische verschleierte Mondlicht – und vor allem, weil die Eltern nicht dabei sein konnten. Aber das ist nicht deine Schuld, sondern die Schuld derer, die den elenden Krieg auf dem Gewissen haben. Unsere Mutter durfte außerhalb des Ortes, der denselben Namen Unschah trägt wie der Fluss, nirgendwo hin. Und unser Vater saß unschuldig im Gefängnis, weil er beim Angeln erwischt worden war. Nicht wegen des Angelns, sondern weil er bis zum Fluss vorgedrungen war, ohne dass ihm auch nur ein einziges Fischlein ins Netz geschlüpft war.

Papas Liebling Leana hat bei einer Ausfahrt an den Baikalsee zum Gefängnisturm hinübergewunken, leider vergeblich, und wir haben alle wie die Schlosshunde geheult – sogar unser kleiner Rüde, der fast immer müde ist.

Trotz allem haben die lichten Tage überwogen. Aber leider verdanken wir dir auch einen der schwärzesten Tage unseres Lebens: jenen Tag, an dem wir auf Geheiß unseres soeben begnadigten Vaters meinen innig geliebten Rolf auswildern mussten …"

Damit war endlich – nach Jahrzehnten – das Rätsel um den Namen ihres geliebten Wolfshundes gelöst, und Olaf wusste, wem er selbst bis auf einen vertauschen Buchstaben (A für R) seinen Vornamen verdankte. Bei allem Verständnis für seine Mutter fand er es seltsam, dass ein Tier (trotz ihrer Liebe für dieses Tier) für den Vornamen ihres Sohnes hergehalten hatte, um es vornehmer auszudrücken, „Pate stehen" musste – auch, wenn es sich auf seine Gattung reimte: Rolf, der Wolf ...

Die Erklärung blieb unbefriedigend. Bis Olaf ein Jahr darauf im Nachlass von Mutters jüngster Schwester Mytti einen alten Brief der Mutter entdeckte, der ihm endgültig Aufschluss über die merkwürdigen Zusammenhänge verschaffte. In dem Brief ging es um die ebenfalls merkwürdigen Umstände seiner Geburt.

Nach der Entbindung hatten Arzt und Hebamme ein verwirrtes Gesicht gemacht. Mutter schrieb wörtlich: „Aber ich habe gelacht und meinen Jungen an mich gedrückt. Vermutlich haben sie gedacht, ich sei verrückt, zumal ich sein Fell streichelte. Aber sie wussten ja nichts von unserer russischen Vorgeschichte ..."

Olaf meinte, es ginge um einen Schreibfehler, aber der Brief hatte seine Richtigkeit. Bei der Geburt war Rolf alias Olaf von

Kopf bis Fuß mit schwarzen Haaren bedeckt gewesen. Nach wenigen Tagen fielen ihm die Haare über Nacht aus. Mutters jüngster Bruder Franz scherzte: „Welch seltsames Gebaren. Olaf, das Baby mit schwarzen Haaren; diese fielen aus zur Stunde des Wolfs – zwischen drei und fünf Uhr morgens …"

Jedenfalls kam bei Sonnenaufgang ein total normaler, sogar ansehnlicher Knabe zum Vorschein, dem später platinblonde (!) Haare wuchsen, die erst ab seinem sechsten Lebensjahr nachdunkelten. Alle waren erleichtert, dem Anschein nach auch Mutter. Wie es in ihrer russischen Seele aussah, das verriet sie nicht.

Erleichtert war auch Olaf, nachdem er den Brief gelesen hatte, den die Tante ihm wohl vorenthalten hatte, um ihn zu schonen. Immerhin wusste er nun nach Mutters Aufzeichnungen, dass in ihren Adern poetisches Blut pulsiert hatte wie im Blut seines Großvaters Wilhelm und in seinem eigenen Blut – und zwar immer noch, sogar von Jahr zu Jahr stärker. Außerdem wusste er, was ihm noch wichtiger war: dass er von Mutter geliebt worden war, obwohl sie es ihn nur selten hatte spüren lassen …

Damit ist die Geschichte noch nicht ad acta. Irgendwann fiel Olaf ein altes Foto in die Hände, das seine Eltern in jungen Jahren zeigte, Vater noch mit vollem schwarzem Haar. Sein Hemd stand so weit offen, dass Olaf die nackte Brust seines Vaters gewahrte. Doch das Wort nackt bedarf einer Berichtigung. Auf den ersten Blick hin wirkte Vaters Brust verdreckt; in Wahrheit war sie mit einem dichten Pelz schwarzer Haare bedeckt. Olaf erinnerte sich später: Als sein Vater nur noch so wenige Haare auf dem Kopf hatte, dass sich seine kommende Glatze bereits ankündigte, hatte Mutter scherzhaft über den Vater gelästert: „Unser ‚Kalle' hat ‚überalle' Haare, nur nicht mehr da, wo er sie haben sollte: auf dem Kopf."

Als Olaf jetzt daran dachte, hielt er es für möglich, dass Mutter den Vater eben deswegen geheiratet hatte, weil seine dichte schwarze Körperbehaarung sie an Rolf erinnerte, obwohl es grotesk anmutete, darin einen Zusammenhang zu wittern. Aber diese Art der Behaarung konnte mit ausschlaggebend gewesen sein, wieso Olaf behaart zur Welt gekommen war. Also eine Duplizität der Ereignisse. So gesehen, hatte Olaf zwei Ahnen: als psychische Komponente Rolf, den Wolf, und seinen Erzeuger unisono, obwohl meist abwesend, Vater Karl. Mysteriöser ging es nicht …

Wölfe in der Nacht

Aufzeichnungen des verschollenen Gerhart Klettenberg
aus dem noch nicht abgeschlossenen Roman
„Heulende Wölfe"

Gestern bin ich mit meinem PKW über eine Straße gefahren, die sich durch einen dunklen Wald schlängelte. Sofort musste ich wieder daran denken, was mir vor vielen Jahren als Junge widerfahren war. Mein Freund Ronny, seine Zwillingsschwester Sina und ich radelten fast jeden Sonntag in den Wald, kletterten auf Bäume, versteckten uns im Gebüsch und sammelten in entsprechender Jahreszeit Pilze.

An einem späten Nachmittag im Herbst wurden wir von einem heftigen Unwetter überrascht mit Blitz und Donner. Leichtsinnig stellten wir uns bei einer ausladenden Buche unter. Aber es passierte uns nichts – außer, dass wir einschließlich der Haut pitschnass wurden.

Als Petrus die Schleusen schloss, sodass Regen und Gewitter Schluss machten mit Getöse und Wassermasse, war es stockfinster und mäuschenstill, und uns wurde umso unheimlicher, weil wir seltsame Geräusche hörten: plopp, plopp, plopp. Bis wir merkten, dass Regen von den Blättern der Bäume tropfte. Schließlich wurde uns so mulmig, dass wir sogar vor den Lauten unserer eigenen Schritte erschraken. Lange irrten wir im schwachen Schein einer Taschenlampe umher, bis wir unsere Fahrräder wiederfanden.

Die erste Nacht der Wölfe

Weit nach Mitternacht wurde ich sinnigerweise in der sogenannten Stunde des Wolfs gegen vier Uhr von einem Fiebertraum

125

geschüttelt, der völlig anders verlief als meine üblichen Träume. Mit offenen Augen schlaflos im Bett liegend und durch das offene Fenster auf die vom Mond beschienenen Silhouetten der Bäume des gegenüberliegenden Parks starrend, fühlte ich mich plötzlich in einen Wald versetzt – nicht in irgendeinen Wald, sondern in unseren Wald – den Wald von Ronny, Sina und mir.

Wir irrten durch die Nacht. Der Mond irrlichterte in den Kronen der Bäume, und die Schatten, die sie warfen, erschreckten mich noch mehr, als totale Finsternis es vermocht hätte. Plötzlich huschten zwischen Bäumen, Büschen und Sträuchern Gestalten auf uns zu. Es waren Wölfe.

Der Schreck lähmte nicht nur meine Glieder, auch meine Gedanken, zumal ich mit einem Mal mutterseelenallein war und mich aus der Meute ein Wolf frontal anfiel. Ich fiel auf den Rücken, und in Sekundenschnelle war die Bestie über mir. Ich spürte ihren heißen Atem im Gesicht und am Hals ihre nasse Zunge, sodass ihr Geifer mir ins Hemd rann; dann spürte ich sogar ihre Zähne in der linken Schulter und mein heftig hämmerndes Herz, aber seltsamerweise keinen Schmerz.

Bisweilen geschieht in meinen Träumen ein Wunder. Ohne

jede Beeinträchtigung konnte ich den Wolf abschütteln, mich aufrichten und fliehen. Als er mich verfolgte, mich stellte und nach mir schnappte, schwebte ich empor und merkte, als ich an mir heruntersah, dass ich mich in ein Nebelgespinst verwandelt hatte und mit meinesgleichen über dem Waldboden zwischen den Bäumen balancierte. Einen Versuch, mit den nebulösen Gefährten Verbindung aufzunehmen, machte ich nicht, zumal ich mich ihnen nicht zugehörig fühlte. Ich hatte nur eines im Sinn: Mach dich dünn und weg von der Wolfsmeute. Sie sollten sich eine andere Beute suchen: Nur nicht meine Freunde! Aber wo waren meine Lieben geblieben?

Kaum war mir diese Frage durch den Kopf geschossen, da sah ich eine menschliche Gestalt über einen schmalen Steg, der einen Bach überspannte, hasten und in einen Pfad einbiegen. Dort kletterte die Gestalt eine Fichte hinauf und hockte sich in eine Astgabel. Ich, immer noch schwebend, sofort hinter ihr her. Aus gutem Grund. Ich erkannte sie an ihrem langen Zopf, den sie meist über eine Schulter drapierte, der jetzt aber glatt hinunterhing wie ein überdimensionaler Tannenzapfen. Ihre großrandige Brille schien sie verloren zu haben.

Sina unverletzt zu sehen, bedeutete den bisher glücklichsten Moment meines Lebens, und erst durch diese traumhafte Erscheinung wurde mir klar, warum ich ständig die Nähe ihres Bruders suchte und ihn meinen besten Freund nannte. Daraufhin empfand ich einen empfindlichen Stich, nicht nur in der Seele, sondern auch in der Brust, denn mir wurde bewusst, dass ich Ronny im übertragenen Sinn missbraucht hatte – immerhin hatte ich ihn nicht wegen irgendwelcher dubiosen Vorteile ausgenutzt.

Am Stamm der Tanne hinaufhangelnd, versuchte ich, mich Sina bemerkbar zu machen, danach, indem ich sie umschwebte und geradezu einnistete wie in einem Netz. Für wen hielt sie mich? Immerhin schien sie mich wahrzunehmen und griff nach mir. Doch sie griff ins Leere, und auch meine krampfhaften Bemühungen, mich bei ihr anzuklammern, misslangen. Von einem Windstoß erfasst, wurde ich höhergetrieben, und obwohl ich gegensteuerte und sogar versuchte, mich zu sperren, stob ich davon.

Die Bäume standen so dicht, dass ich Sina aus den Augen verlor. Dann blickte ich zurück auf die Lichtung, auf der ich mit meinen Freunden gestanden hatte, und musste hilflos mitansehen, wie die räudige Wolfsmeute über ein Opfer herfiel, obwohl Experten Stein und Bein seit ewig schwören, Wölfe würden niemals Menschen angreifen, und ich erschrak zu Tode: Das konnte nur Ronny sein …!

Ich hielt es nicht aus; jedenfalls brach der seltsame Traum – oder das, was sich hinter diesen traumatischen Bildern verbarg – zusammen, aber der Traum regenerierte sich und kam immer wieder zurück wie ein chronischer Phantomschmerz, über viele Jahre hinweg bis heute. Doch ich habe ihn für mich behalten, wie ein düsteres Geheimnis, auch Sina und Ronny gegenüber …

Ein Jahr später wanderten sie mit ihren Eltern aus, wie es vage umschrieben wurde, nach Übersee, über den großen Teich – also nach den Vereinigten Staaten von Nordamerika oder nach Kanada respektive Alaska. Aber was trieb sie dahin? Und wieso ohne sich zu verabschieden? Fürchteten sie den Abschiedsschmerz? Andererseits wog mein Schmerz, zu grübeln, weshalb sie sich nicht verabschiedet hatten, noch stärker.

Der Kontakt ging verloren, aber nur nach außen hin. Das innere Band hielt, nicht nur durch die Träume oder meine schulischen und später durch berufliche oder private Ziele, auch durch meine Gefühle für Sina, die ich ihr nie zu gestehen gewagt hatte – auch, um ihren Bruder nicht zu vergrätzen; zumindest machte ich mir das vor.

Begegnung in einem Waldcafé

Während ich gestern bei der Fahrt durch den Wald am Steuer saß, wurde ich von Müdigkeit übermannt. Bei einer Raststätte auszuruhen, wollte ich vermeiden. Die Gefahr, einzunicken und wieder den bewussten Traum zu erleiden, war zu groß. Da kam mir der Zufall zu Hilfe oder das, was ich für Zufall hielt. Ich stieß auf ein gemütliches Waldcafé. Im Begriff einzukehren, entdeckte ich zwischen Bäumen einen Ausschank, setzte mich auf einen Hocker, bestellte eine Erfrischung und blätterte in einer Illustrierten, die griffbereit auf der Theke lag.

War ich trotzdem eingenickt und träumte wieder? Ein großes, behaartes Etwas schlich um meine Beine und schnüffelte an meinen Schuhen, die reflexartig zurückzuckten. Dann vernahm ich neben mir eine weibliche Stimme, die mir seltsam vertraut schien: „Keine Sorge, mein Horaz tut keiner Fliege etwas zu Leide."

Ohne einen Blick von dem Ungeheuer zu lassen, erwiderte ich einfallslos, ungalant und abweisend: „Das behaupten alle Hundehalter von ihren Lieblingen."

Die sympathische Stimme rechtfertigte sich: „Horaz ist tatsächlich harmlos. Er ist ausgebildet, niemals anzugreifen; er wehrt nur Aggressoren ab." Dann fügte sie etwas hinzu, das mich noch mehr erschütterte als meine Träume, und es schleuderte mich in Sekundenbruchteilen in meine Jugendzeit zurück: „Aber du hattest ja schon als Junge Angst – zumindest höllischen Respekt – vor Schäferhunden."

Da brachte ich es endlich fertig, meine Nachbarin am Tresen anzusehen. Sie hatte ihre langen Haare zu einem riesigen Zopf gebunden, über die Schulter drapiert und trug eine überdimensionale Sonnenbrille, aber ihr Blick schien an mir vorbeizugleiten …

Sina hatte mich nicht nur an meiner Stimme erkannt, auch

am Zentifolienduft, welcher der Rosenseife entströmte, die ich schon als Jugendlicher mit meiner Mutter geteilt hatte. Wie es Sina in Übersee ergangen war, warum sich ihr Augenlicht so extrem verschlechtert und was sie hierhin nach Deutschland zurückverschlagen hatte, all dies zu erzählen, würde den Rahmen dieser Geschichte sprengen, aber eines ist wichtig, wenn auch für alle Beteiligten traurig: Ein Jahr nach unserer Trennung hatte Sina einen weiteren unersetzlichen Verlust erlitten: Nach einem Unfall, verursacht durch ein Reh, das, wie aus dem Nirwana oder aus den indianischen Jagdgründen aufgetaucht, über die Fahrbahn wechselte, war Ronny als Beifahrer eines älteren Jungen tödlich verunglückt …

Nachdem ich ihr mein Leben anvertraut und auch meine Träume nicht hinter dem Berg gehalten hatte, fragte sie mich, ob ich Hilfe durch Traumdeutungen in Anspruch genommen hätte. Ich gab zu, Zuflucht bei einer Psychologin gesucht zu haben.

Nach deren Einschätzung hatte ich angeblich meinen Freunden gegenüber nicht wieder gutzumachende Schuld auf mich geladen, die wir ans Tageslicht befördern müssten. Dass ich in Träumen von einem Wolf gebissen würde, stände symbolisch für meine Gewissensbisse. Dass ich Ronny meine Zuneigung für Sina verschwiegen hätte, bezeichnete sie als „link". Aber ich hätte mich meiner Schuld nicht gestellt, sondern mich „verdünnisiert" – alias im Traum in ein Nebelgespinst verwandelt.

Sina zog die Stirn kraus, erklärte die Äußerung der Verhaltenstherapeutin für hanebüchen, sogar an den Haaren herbeigezogen, aber ihren letzten Satz immerhin als kreativ. Was das Thema Schuld beträfe, läge diese allenfalls auf Ronnys und ihrer Seite, da sie mir die Absicht der Auswanderung verschwiegen und sich vor der Verabschiedung gedrückt hatten. Dann riet Sina mir, mich mit dem Anblick von Wölfen in freier Natur

zu konfrontieren, um vielleicht dadurch meine Traumata los-
zuwerden …

Kanada – das Land der Träume
und Ahornbäume

Sechs Wochen später besuchte ich Blutsverwandte in Winnipeg.
Dass mich, außer dem Wunsch, sie nach langer Zeit wiederzu-
sehen, noch etwas anderes trieb, behielt ich für mich, um sie
nicht zu beunruhigen. (Die Therapeutin hätte das vermutlich als
weitere Linkerei gewertet.) Wesentlich älter als ich, waren sie
so kränklich, dass sie mich nicht hätten begleiten können, und
so blieb es bei gefahrlosen, nur wenig anstrengenden Ausflügen
zum vergleichsweise riesigen Winnipeg-See in unmittelbarer
Nähe der Stadt und zu weiteren Seen.

Ein Scherzkeks hatte mir den Floh ins Ohr gesetzt, mir sei es
vergönnt, mir einen Traum zu erfüllen, den Traum eines „Ab-
stechers" zu den Niagarafällen. Diese stürzen sich von Winnipeg aus gemessen sage und schreibe 1500 km weit entfernt am
Rande der USA in die Tiefe! Vielleicht beruhte der Vorschlag
auf einem Missverständnis. Immerhin sind die Verkehrsver-
bindungen von Winnipeg zu den Niagarafällen relativ günstig
– durch regen Zug- und Flugverkehr. Selbstredend nehmen auch
Verwegene die Strapazen von Fahrten mit dem PKW in Kauf.
Es gibt sogar eine Busverbindung, aber die ist umständlich; es
gibt keine Direktlinie, sodass die Reisenden umsteigen müssen.
Im Klartext: Bei dieser Reise musste ich mir die Niagarafälle
abschminken …

Nachdem ich Erkundigungen eingezogen hatte, flog ich an
Kanadas Westküste – in den Dunstkreis der Traumstadt Vancouver – jene berühmte Hafenstadt in Columbia am Pazifik mit
rund zwei Millionen Einwohnern. Das Handels-, Kongress- und

Finanzzentrum und die Segnungen der Textilindustrie fanden weniger meine Aufmerksamkeit als der faszinierende Ausblick vom Hafen von der Küste Richtung Inland, da sich hinter Vancouver die Silhouetten riesiger Berge abzeichnen.

Im chinesischen Garten lernte ich einen einheimischen Artgenossen indianischer Herkunft aus dem Stamm der Athaspasken kennen. Sein Name war ein Zungenbrecher, und da er als ausgesprochen wachsam galt, wurde er Gregory genannt. Als ehemaliger „Jäger, Trapper und Fallensteller", wie er sich selbst nannte, hatte er sich inzwischen zum Umweltschützer gemausert. Er faszinierte mich umso stärker, weil er hintergründig wirkte, seinen Stamm verehrte und mit Schamanen verkehrte. Und so schloss ich mich ihm an.

Am Lagerfeuer hockend, gaben wir wechselseitig einiges aus unserem Leben preist, und so blieb es nicht aus, dass er mich nach dem Anlass meiner Kanadareise fragte. Da meine Motive so exotisch waren wie unsere Begegnungen, schob ich vor, mein Steckenpferd alias Hobby sei es, hautnah wilde Tiere zu beobachten. Wegen meiner mangelnden Erfahrung riet er mir, mich auf Tierparks und Freigehege zu beschränken, zumal er davon ausging, ich sei auf Romantik und Abenteuer aus.

Ich versuchte, mich mit einem Gag aus der Affäre zu ziehen: „Look, I'm an adventurer." – „Sieh, ich bin Abenteurer – dazu ein dünnes Hemd, in dessen Gegenwart jeder Wolf die Nase rümpft. Außerdem vergeht jedem Wolf bereits bei meinem Anblick der Appetit – sogar, wenn er Bärenhunger schiebt."

Greg wies mich zurecht, ebenfalls in scherzhaftem Ton: „Wölfe setzen auf andere Kriterien als auf Leibesfülle. Es kommt ihnen auch nicht darauf an, ob sie ein Opfer gut leiden können, sondern ob es gut riecht", wonach Greg an einer im Feuer gebratenen Hirschkeule schnupperte, bis er herzhaft hineinbiss …

Am nächsten Abend hockten wir wieder zusammen. Da ermahnte er mich, fast hat er mich genötigt: „Gerhart, es ist etwas passiert, wonach ich dir dringend ans Herz legen muss, auf dem Absatz kehrtzumachen und mit der nächsten Maschine heimzufliegen."

Ich war völlig verdattert, zumal er anfing, von seiner Granny alias Großmutter zu faseln, auf eine Weise, die mich an seinem Verstand zweifeln ließ: „Als junges Mädchen hat sie mit ihrem Zwillingsbruder und einem gemeinsamen Freund regelmäßig – fast hätte ich gesagt Tag und Nacht – die Wälder durchstreift, um Verstecken zu spielen und Beeren und Pilze zu sammeln. Manchmal haben sie auch kleine Tiere gejagt und in einem unserer zahlreichen Seen Fische gefangen …"

Trotz naturbedingter Unterschiede waren die Parallelen zu meiner Kindheit und zu Sina und Ronny dermaßen frappierend, dass ich meine Fingernägel in den Waldboden krallte.

Die zweite Nacht der Wölfe

Greg schien nicht zu bemerken, dass ich aus der Fassung geriet. Jedenfalls erzählte er weiter: „Eines späten Nachmittags wurden sie von einem heftigen Unwetter heimgesucht. Schon bald war es so finster, dass sie keine Hand mehr vor Augen sahen. Umso unheimlicher klangen die Geräusche des Waldes. Hier rauschte es, dort knackten Zweige. Plötzlich schien ein milchiges Licht zwischen den Bäumen; der Mond hatte sich zwischen den Wolken hervorgestohlen. Dann huschten gespenstische Gestalten auf sie zu. Diese entpuppten sich als Wölfe. Während Bruder und Freund wie gelähmt dastanden, gelang es meiner Granny, die damals noch ein junges Mädchen war, wegzulaufen und sich an einer Tanne hinaufzuhangeln, wo sie Unterschlupf in einer Astgabel fand. Durch die Abfolge von Kühle nach Schwüle bildete sich Nebel.

Plötzlich sah meine Granny ein Gespenst auf sie zuschweben und meinte, darin ein Gesicht wahrzunehmen. Etwa ein bekanntes? Das Gesicht ihres Bruders oder Freundes? In diesem Moment wurde sie von der Nebelwolke umspielt und schließlich eingehüllt und hatte das untrügliche Gefühl, die Wolke wollte sich bei ihr anklammern. In der Hoffnung, es wäre ihr Bruder oder Freund, versuchte sie, die Wolke festzuhalten, aber aufkeimender Wind trieb die Wolke davon ..."

Greg zögerte weiterzusprechen, und ich war so fertig, dass ich keinen Ton herausbrachte. Erst recht nicht, weil Greg mich so eindringlich ansah, als erwarte er eine Äußerung von mir oder eine außergewöhnliche Geste, als wollte ich mir die Haare raufen. Aber ich beherrschte mich, und es gelang mir endlich, mühsam zu fragen, wie diese unheimliche Story ausgegangen sei.

Gregory fuhr fort: „Trotz ihrer großen Not, vor allem um die beiden Jungen, hat meine Granny die Nacht über unbeschadet in der Astgabel der Tanne ausgeharrt, bis sie von Waldarbeitern befreit wurde. Da ihre Knie permanent zitterten, hatte sie es nicht gewagt, aus eigener Kraft abzusteigen."

Ich fragte und konnte kaum mein eigenes Zittern verbergen, das sogar meine Stimme erfasste: „Und wie ist es den Jungen ergangen?"

Greg erklärte, wobei er versuchte, seiner Stimme einen sachlichen Klang zu verleihen: „Aufgrund der Spuren auf der Lichtung wurde von Amts wegen festgestellt, vielleicht auch von einem für das Gebiet zuständigen Förster, dass nur einer der Jungen den Wölfen zum Opfer gefallen war; der andere ist entkommen, aber spurlos verschwunden. Er hat sich vermutlich zu Tode geschämt (das ist natürlich im übertragenen Sinn gemeint), geflohen zu sein, anstatt seinem Kumpel beizustehen, und er hat wohl auch nicht bedacht, dass das Mädchen auf diese indirekte

Weise beide Jungen verlor, die sie liebte: den Bruder und den Freund."

Erneut hörte Greg auf zu sprechen, vermutlich war auch er gerührt, sodass ich trotz des Chaos in meiner Seele versuchte, innerlich zu rekapitulieren: Da ich nicht daran vorbeikam, die Katastrophen auf mich zu beziehen – wegen der ungeheuerlichen Übereinstimmungen war es trotz des wesentlich unterschiedlichen Zeitfaktors unvermeidlich –, konnte es nur bedeuten, dass der Freund der Granny von Gregory überlebt hatte und der Bruder umgekommen war.

Wegen der Umstände durfte ich meine Verstrickung nicht verheimlichen, aber irgendetwas hielt mich zurück; jedenfalls hielt ich mich vorerst bedeckt. Um Zeit zu gewinnen, wich ich aus: „Was deiner Familie zugestoßen ist, kommt einer Tragödie gleich. Aber wieso vertraust du sie ausgerechnet mir an? Einem Wildfremden aus Übersee?"

Greg antwortete: „Was meine Granny mir vor langer Zeit erzählt hat, das habe ich letzte Nacht im Traum nacherlebt. Zunächst wie ein Zuschauer in einem Film. Nach den Attacken der Wölfe war ich so gebannt, als sei ich selber ein Opfer. Aber als ich verinnerlicht hatte, wie das junge Mädchen, das meine Granny anno dazumal gewesen sein muss, fliehen konnte, bin ich hinter ihr her wie das Nebelgespinst. Daher nahm ich mich nur als solches wahr und nicht mich tatsächlich. Da bin ich zum Unfallort zurück und sah, dass auch einer der Jungen sich davonmachte, aber nicht als Nebelwolke, sondern auf zwei Beinen. Dem wie gelähmt Verharrenden wollte ich beistehen, insoweit, wie ein Träumender seiner Traumgestalt beistehen kann. Aber ich kam zu spät: Sein Blut war ihm von der Kehle ins Hemd geronnen. Und er war tot."

Einerseits empfand ich starkes Mitgefühl, aber auch Spannung, und so fragte ich, ob er den Toten erkannt hätte, obwohl ich die Antwort zu kennen meinte: Meiner Einschätzung nach musste er Grannys Bruder gewesen sein. Ich ging davon aus, dass Greg ihn auf Fotos gesehen hatte, anderenfalls hätte er ihn nicht identifizieren können.

Greg bestätigte es. „Ja, ich habe ihn erkannt – sogar zweifelsfrei. Ahnst du, wen ich tot am Boden liegen sah?"

Bevor ich meine Einschätzung abgeben konnte, erklärte er zunächst ausweichend: „Bei Euch in Deutschland gibt es ein Lied, das geht so." Dann sang er zwei Zeilen daraus: „Das kannst du nicht ahnen, du munteres Rehlein, du, dass so ein Wilddieb das Herze dir bricht im Nu ..." Da ich ihn konsterniert anblickte, setzte er hinzu: „Selbstverständlich bist du völlig ahnungslos." Dann deutete er energisch mit dem rechten Zeigefinger auf mich und sagte emphatisch: „DU warst es, Gerhart, eindeutig DU, und deshalb musst du schleunigst mit dem nächsten Flieger in die Heimat zurück, bevor dir tatsächlich etwas zustößt und dir irgendjemand den Rest gibt."

Zunächst war mir eiskalt, sozusagen totkalt, aber dann spürte ich eine nie erlebte Hitzewelle durch meinen Körper schwappen und eine Enge auf der Brust, die mir den Atem nahm.

Nachdem sich der psychisch bedingte Angina-Pectoris-Anfall gelockert hatte, konnte ich mich endlich öffnen, und ich vertraute Gregory alles an, was mich seit Jahrzehnten belastete – auch mein Wiedersehen mit Sina und dass wir seitdem zusammen waren. Seltsamerweise nickte er, und so fragte ich, ob er sich auf die Zusammenhänge einen Reim machen könne.

Er überlegte eine Weile, während er eine Pfeife stopfte und anzündete. Nachdem er den dritten oder vierten Zug gemacht hatte, sagte er: „Schon in deiner ersten nächtlichen Vision meintest du zu spüren, wie der Geifer des Wolfs warm in dein Hemd rann. In Wahrheit war es – siehe mein Traum – dein Blut. Während du als Nebel aufstiegst, warst du bereits tot. Der Nebel, das war deine Seele."

Ich begriff die transzendentalen Zusammenhänge nicht und fragte naiv: „Wieso, Greg? Ich lebe!"

Gregory versuchte, weiter zu erklären: „Es ist eine Verbindung entstanden zwischen dem Freund meiner Großmuter und dir …"

Nach weiteren Zügen aus seiner Pfeife und einem kräftigen Schluck seines Getränks ergänzte er: „Wenn ein Mensch, bevor seine Zeit reif ist, zu Tode kommt, durch Unfall, schwere Krankheit, Mord oder Suizid, dann kann es geschehen, dass seine Seele umherirrt und irgendwann Zuflucht bei einem beliebigen Menschen sucht, der greifbar ist. Das gilt natürlich erst recht für einen Menschen, der von einem Raubtier angefallen wurde."

Nach einer Gedankenpause, in der ich auch selbst Erzeugnisse, die blauen Dunst hervorbringen, und Rotwein zu meiner Bewusstseinsstärkung zu mir genommen hatte, sagte ich: „Auf mich übertragen, heißt das also, der Bruder deiner Granny hat überlebt, zu Tode gekommen ist der Freund, und dessen Seele hat Unterschlupf bei mir gefunden – nach Jahrzehnten! Eine grausige Vorstellung, von einem Toten besessen respektive beseelt zu sein! Und was geschah mit meiner eigenen Seele? Hat er sie vertrieben?"

Da zitierte Gregory unseren Dichterfürsten Johann Wolfgang von Goethe: „Zwei Seelen wohnen ach in meiner Brust." Schließlich ergänzte er: „Jeder Mensch hat früher oder später das Gefühl, manch einer sogar die Gewissheit, mehrere Persönlichkeiten in sich zu vereinen." Und da ich die Zusammenhänge immer noch nicht gänzlich begriffen hatte, setzte er hinzu, Raum und Zeit hätten bei solchen Verstrickungen andere Dimensionen als gewöhnlich, womit er sich weiterem Nachbohren meinerseits entzog …

Die dritte Nacht der Wölfe

Nachdem wir eine Nacht darüber geschlafen hatten, kam mein indianischer Freund auf den genialen und gleichsam unseligen Einfall, mich seiner Granny vorzustellen, aber ohne sie einzuweihen, wer sich hinter mir verbarg, wobei er mich lockte: „Vielleicht erkennst du in meiner Granny deine Sina wieder ..."

Nichts in den Gesichtszügen der alten, ausnehmend sympathischen Dame, die Greg als Squaw bezeichnete, deutete über ihren Charme hinaus auf Sina hin. Als Gregs Granny mich sah, fasste sie sich an den Kopf, fing an zu schreien, stürzte zu Boden, wand sich und heulte dann so unheimlich, dass ihre Stimme wie die einer Wölfin klang. Ich spürte den Widerhall in jeder Faser meines Körpers und meiner Seele, zumal ich erkannt zu haben meinte, wie es zu ihrem emotionalen Ausbruch kommen konnte. Ich hatte Gregs Granny nicht erkannt, wie hätte ich sie auch erkennen können, aber offenbar meinte sie, in mir ihren früheren Freund wiedererkannt zu haben. Obwohl objektiv mit mir nicht blutsverwandt, hatte sich seine Seele vielleicht in meinem Wesen widergespiegelt, vielleicht auch in meinen Bewegungen und Gesten ...

Seit dieser von Greg und mir leichtfertig, zumindest gedankenlos heraufbeschworenen kollapsartigen Katastrophe ist Granny nicht mehr ansprechbar und spricht auch selber kein Wort mehr. Und wir machen uns (nicht einander, sondern jeder sich selbst) heftigste Vorwürfe, sie für einen pseudopsychologischen Test missbraucht zu haben ...

Inzwischen wieder in heimischen Gefilden, bin auch ich in einem derangierten, sogar desolaten Zustand, körperlich wie seelisch. Aber sobald ich wieder Boden unter den Füßen spüre, fliege ich nach Vancouver, um mit meinen indianischen, ach so wachsamen Freund Gregory die von uns geschundene Seele seiner Granny zu retten. Zumal uns zwei höchst kompetente Geschöpfe zur Seite stehen, auch wenn das eine Geschöpf kaum etwas sehen und das andere nicht sprechen kann. Die Rede ist von meiner Sina und ihrem Gefährten Horaz …

JÜRGEN MOLZEN

ALLTAGSFLUCHT I

Natur mit allen Sinnen.
Im Park spazieren gehn.
Dem Alltag s o entrinnen,
auch mit dem Herzen sehn.

ALLTAGSFLUCHT II

Dem Einerlei entrinnen,
der Blüten Düfte spürn.
Zugleich mit allen Sinnen
gedanklich sich verführn.

EINE SELTSAME DAME IN AACHEN …

Limerick

Eine seltsame Dame in Aachen,
die fuhr auf dem Fluss mit 'nem Nachen.
Das Boot war defekt,
hat Wasser geleckt.
Um Hilfe schrie sie in fünf Sprachen.

Aquarell von ILSE MARKGRAF

DIES VÖGLEIN, HIER AUF DIESEM ZWEIG, …*

Dies Vöglein, hier auf diesem Zweig,
zwitscherte mir: „Komm her, ich zeig'
dir meine wundervolle Welt,
die kunterbunt vielen gefällt."

Es flog voraus und wies drauf hin:
„Nur die Natur macht für uns Sinn.
Erhaltet sie für Mensch und Tier,
dann siegt Vernunft: Vom ICH zum WIR!"

Als es schwebte, von Ast zu Ast,
da fiel mir ein, was man verpasst,
wenn man Natürliches nicht ehrt,
dann wär' der Schöpfungsakt verkehrt!

Drum lasst nicht nur Worte blühen,
strengt euch an – es lohnen Mühen.
Beschützt unsere Mutter Erde,
dass sie Heimstatt a l l e r werde!

Dies Vöglein, hier auf diesem Zweig,
zwitscherte mir: „Komm her, ich zeig'
dir meine großartige Welt,
die farbenprächtig uns gefällt."

* zum Aquarell von ILSE MARKGRAF

KLAUS-LEO ORLOWSKI

Russische Sprichwörter

Sprichwörter gehören zu den Kleinodien einer Sprache. Da sie ihren Gehalt oft in Bildern ausdrücken, sind sie einerseits besonders anschaulich, erfordern aber auch eine Entschlüsselung, die sich in manchen Fällen gleich aufdrängt, in anderen erst durch Nachdenken gelingt. Sprichwörter einer Fremdsprache haben ihren ganz besonderen Reiz: Sie sind poetisch und ungewohnt, bisweilen exotisch. Sie verdeutlichen, welche Erfahrungen die Menschheit über alle Sprachgrenzen einen, und bieten andererseits einen Einblick in den Erfahrungsschatz, die Gedanken und Bildwelt der jeweiligen Sprache. Im Folgenden stelle ich einige russische Sprichwörter zusammen, um zur Auseinandersetzung mit dieser schönen Sprache anzuregen, und empfehle einige Bücher als Einstiegslektüre.

Wer viel wissen will, wird wenig schlafen dürfen.

Vieles lässt sich denken, doch nicht alles wird Wirklichkeit.

Ein Kopf ohne Verstand ist eine Laterne ohne Licht.

Das Pferd hat mit dem Wolf die Kräfte gemessen, Schwanz und Mähne sind übriggeblieben.

Dem Hund steht es frei, auch den Mond anzubellen.

Den Vogel schmücken die Federn, den Menschen die Gelehrsamkeit.

Der Adler fängt keine Fliegen.

Ein Fuchs kann sieben Wölfe überlisten.

Leicht ist die Feder, aber aufs Dach werfen kannst du sie nicht.

Den Wind auf dem Felde holst du nicht ein.

An der Tanne kann kein Äpfelchen wachsen.

Ohne den Bären zu töten, kann man das Fell nicht verkaufen.

Lang ist die Zunge der Kuh, doch ist ihr nicht gegeben zu sprechen.

Zum Ochsen zu werden wird dem Frosch nie gelingen, wenn er auch noch so viel Wasser trinkt.

Aus einem Dankeschön kann man keine Pelze nähen.

Mach dich nur zum Schaf, die Wölfe sind bereit.

In den Wald führt man kein Holz, in den Brunnen gießt man kein Wasser.

Das Glück kommt auf Flügeln, das Unglück auf Krücken.

Such das Gute zu erlernen, denn das Schlechte kommt von selbst.

Sieht der Wolf die Ziege, so vergisst er das Gewitter.

Die Not geht nicht im Walde um, sondern unter den Menschen.

Unglück ist der Dummheit Nachbar.

Wie der Wurm in der Nuss ist die Traurigkeit im Herzen.

Der Tag verblasst mit der Nacht, der Mensch mit der Traurigkeit.

Die Zunge plappert, und der Kopf weiß nichts davon.

Ein freundliches Wort ist wie ein Frühlingstag.

Mit Worten erschlägt man keine Mücke.

Es ist keine Schande zu schweigen, wenn man nichts zu sagen hat.

Weiße Hände lieben fremde Arbeit.

In einer Tasche ist's leer, in der anderen ist nichts.

Der Satte versteht den Hungrigen nicht.

Ein jeder Fuchs lobt seinen Schwanz.

Flucht ist nicht ehrenvoll, doch gesund.

Die Jugend holt man nicht zurück, dem Alter kann man nicht entgehen.

Einen alten Hund kann man nicht mehr an die Kette gewöhnen.

In eine fremde Seele kannst du nicht hineinkriechen.

Das Ross bewährt sich am Berge, der Freund in der Not.

Bruderliebe ist besser als Mauern aus Stein.

Es gibt kein schöneres Spiel als das Augenspiel.

Liebe, Feuer und Husten kannst du nicht vor den Leuten verbergen.

Die Mutter liebt das Kind, und der Wolf liebt das Schaf.

Eine Schöne ist gut anzusehen, mit einer Klugen ist gut zu leben.

Ein alter Freund ist besser als zwei neue.

Literatur:

- Lehrbücher der russischen Sprache
- Russische Sprichwörter, Deutscher Taschenbuch-Verlag, München
- Russische Lektüre für Anfänger, Verlag Moritz Diesterweg, Frankfurt/Main, Berlin, Bonn
- K. A. Paffen: Langenscheidts praktisches Lehrbuch Russisch, Berlin, München, Wien
- E. G. Kirschbaum, E. Kretschmar: Kurze russische Sprachlehre, Klett-Verlag, Stuttgart
- Pons Standardwörterbuch Russisch, Ernst Klett-Verlag, Stuttgart
- Hermann Wiessner: Russisches Lesebuch, Verlag Moritz Diesterweg, Frankfurt/Mai, Berlin, Bonn
- Alexander Puschkin: Der Postmeister, Der Schuß, Der Schneesturm. Erzählungen, Deutscher Taschenbuch-Verlag, München

ALICJA PAWEL

Einen Liter

Jeden Morgen spüre ich diesen trockenen Staub im Mund. Es ist quälend, da ich bis zur Mittagsstunde warten muss, um ihn hinunterzuspülen. Um 12 Uhr kommt der Wasserwagen und jeder bekommt seine Tagesration. Diese wird der Familiengröße angepasst. Ich bin allein und bekomme einen Liter am Tag. Einen Liter müsste ich eigentlich trinken. Doch dieser eine Liter muss für alles herhalten.

Wer hätte gedacht, dass mein Leben sich jemals nur darum drehen wird, wie ich diesen einen Liter sinnvoll nutze, um den Tag zu überstehen. Nicht allzu sehr zu stinken, Durst zu stillen, die gröbsten Flecken meiner Kleidung zu entfernen oder das Geschirr zu reinigen, ganz ausgenommen etwas zu kochen. Gas haben wir noch genug und ich kann alles auf dem Gasgrill erwärmen. So habe ich weniger Geschirr abzuwaschen. Ausgelassen Besuch zu empfangen, wie es zu meinen guten alten Zeiten mal war, in meinen jungen Jahren, ist schwierig geworden. Doch man gewöhnt sich an alles.

Jeden Tag denke ich an meine Söhne, die ums Überleben für ihre Familie kämpfen müssen. Manchmal bekommen sie die Hälfte meines Wassers. Mein schlechtes Gewissen streicheln. Warum habe ich mir damals nicht mehr Gedanken gemacht? Mülltrennung? Sparsam mit dem Wasser umgehen? Weniger Fleisch essen? Warum habe ich bloß ständig diese Avocados gekauft? Dann das Gelächter über die streikenden Schüler, die immer freitags das Ende kommen sahen. „Die wollen doch nur schulfrei!" – ich war so blind.

Ab morgen soll es regnen. Das ist eine gute Woche! Drei Tage Regen! Meine Regentonne wird voll werden und meine

Enkelkinder können mich besuchen, damit sie sich waschen können. Den Rest des Wassers lagern wir in Kanistern ein. Ein gutes Gefühl. Jedoch auch gefährlich. Ich wurde schon öfter nach Regentagen überfallen, und mir wurde Wasser entwendet. Ich wehre mich nicht, da ich am Leben bleiben muss. Meine Söhne haben mir eine stabile und dicke Metalltür mit einem zusätzlichen Schloss eingebaut. Es ähnelt einem Banktresor. Auch die Fenster sind mit Metall zugemauert. Das ist ein Luxus, den nicht viele haben. Seitdem habe ich weniger Angst, und es ist niemand mehr ins Haus gekommen.

Es ist nicht einfach, da durch die Dürre und den Wassermangel neue Epidemien entstanden sind. Es sind viele und sie sind unaufhaltsam. Einige ließen sich damals impfen, als diese erste Epidemie uns erwischte, den Namen habe ich vergessen. Es sind mittlerweile so viele. Einige ließen sich nicht impfen, so entstanden immer mehr Mutanten. Heute können wir nichts mehr tun. Meine Enkelkinder und meine Söhne kommen mich in Masken besuchen. Ich darf nicht krank werden, da es mich jederzeit töten könnte. Ich muss noch, solange ich kann, leben, da mein Dasein täglich einen Liter Wasser beträgt.

Es gibt, außer einen Liter am Tag, keine Hilfe mehr. Die Politik heute? Jeder für sich, und der mit dem Wasser regiert. Es wechselt stetig und die Menschen werden zu Raubtieren. Ich habe nicht mehr viel Zeit auf dieser Erde und kämpfe, solange ich noch kann, für meine Kinder. Warum habe ich damit bloß so spät angefangen …

MARIA QUINIUS

Halbe Pause

Lass alles nur
eine halbe
Pause sein,
in der Schwebe
zwischen
wach & Schlaf –
„Hier kommt nichts
endgültig zum Stehen!" –
Hier ist noch alles
drin, der Kampf
noch nicht
verloren, trotz
tauber Ohren.
Ganze Pausen sind
das Ende, da man
sie hören kann –
dann ist alles still.

Das Einzige

Wenn es nun
das Einzige ist,
was würdest
du tun?

Rückenwind

Du wirst
fliegen,
wenn dein
Rückenwind dich
trägt und deine
Zweifel im
Glauben an dich
selbst versinken.

Den Einen

Den Einen,
den du trägst;
den Einen,
den du nie vergisst;
dessen Blick
deine Seele trifft;
für den Einen
lohnt es sich,
einen Schritt ins
Leben zu wagen.

EVERT SANDERS

Die Spur des Ochsen

– Ein allegorisches Märchen –

In der mauerumgürteten, zinnenbewehrten Kreisstadt Weltenburg, die nur wenige hundert Meter im Geviert misst und dennoch den ganzen Erdkreis in sich birgt, herrscht Tag für Tag ein lebhafter Markt. Was immer menschlicher Verstand ersonnen und Menschenhand geformt hat, wird hier lärmend feilgeboten. Und die Wogen der von Anpreisungen berauschten und von Besitzerstolz erfüllten Käufer branden unablässig gegen die glitzernd geschmückten Buden und Stände.

In der äußersten Ecke des Platzes, dort, wo aller Unrat hingeworfen wird, steht, von den Menschen völlig unbeachtet, ja nicht einmal bemerkt, eine unüberschaubare Herde schwarzer Ochsen. Mit traurig gesenkten Köpfen drängen sie sich zusammen. Und obwohl es in den Haufen von Unrat weder Trank noch Nahrung gibt, verharren sie in stummer Ergebenheit.

Nur hin und wieder hebt einer witternd seine Nüstern, beginnt zu tänzeln und zu schnauben, weil er die suchenden Blicke eines Menschen spürt, verfällt jedoch wieder in Starre, sobald das Augenpaar sich abwendet und den lockenden Waren hingibt. Je stärker der Käuferstrom anschwillt, desto mehr Ochsen trotten müde und schleppend in jenen Winkel, hin zu ihrem einzigen Hirten, der, in einen feuerroten Mantel gehüllt, auf der Spitze des Abfallberges hockt und wohlgefällig seine Herde und das Markttreiben betrachtet.

Heinrich Faustus führt auf dem Markt einen prächtig herausgeputzten Stand für Damen- und Herrenmoden. Wie alle Händler geht er allabendlich in den Krug, um am Stammtisch seine

Geschäftserfolge lauthals zu preisen und rastlos Beziehungen zu knüpfen.

Eines Abends aber kann er den dröhnenden Wirtshausgesprächen nicht recht folgen, vermeint er doch, am Tage einen tänzelnden schwarzen Ochsen im Kehrichthaufen des Marktes gesehen zu haben. Schon neckt man ihn ob seiner scheinbar schwermütigen Stimmung, als Faustus plötzlich entgeistert aus dem Fenster starrt. Im dunstigen Lichtkegel der Schenke erkennt er die Umrisse jenes schwarzen Ochsen, der sich wie wild gebärdet und vor dem trüben Fenster hin- und zurückspringt wie ein Hund, der seinen Herrn auf eine Fährte führen möchte.

Je länger Faustus dem Gebaren des Ochsen zusieht, desto mehr verfärbt sich dessen Fell, bis es schließlich in fahlem Weiß widerscheint. Atemlos aufspringend ruft Faustus: „Seht ihr dort den weißen Ochsen?"

Der kurzen verblüfften Stille folgt ein tosendes Gelächter: „Du hast wohl dein Spiegelbild gesehen!" Und als Faustus in die blinde Scheibe blickt, ist der Ochse verschwunden, und er sieht nur sein eigenes Spiegelbild.

Mit schreckgeweiteten Augen fällt er schwer auf seinen Stuhl, denn sein Gesicht zeigt sich seinen Augen als schwarzer Ochsenkopf.

Faustus findet in dieser Nacht keine Ruhe, und sooft er sich erhebt und verstohlen in den Spiegel schaut, erkennt er schemenhaft die Umrisse seines Ochsen.

Beim ersten Hahnenschrei stürzt Faustus auf den Markt. Er gewahrt seinen Ochsen, wieder in schwarzer Färbung, aber doch etwas heller als am gestrigen Abend. In versammelter Ungeduld scharrt das Tier im Abfall.

Kaum fühlt Faustus sich von der Zentnerlast der Ungewissheit erlöst, als der Ochse in wilden Sprüngen dem Markttor zustrebt und, in eine Staubwolke gehüllt, aus der Stadt sprengt.

Verwirrt, unentschlossen folgt Faustus, an seinem sorgfältig gewienerten Modestand vorbei, der stärker als sonst in allen Farbfacetten zu schillern scheint und dessen Anziehungskraft Faustus' Willen und Schritte zu lähmen beginnt. „Ich will wenigstens sehen, wohin das Tier läuft", redet Faustus sich zu, seinen Schritt beschleunigend.

Unter dem Markttor gewahrt er verwundert eine Unzahl von Ochsenspuren, die geradewegs und ausschließlich zu der Müllhalde führen. Und jede Spur hat ihr unverwechselbares Kennzeichen – gezackte, gekreuzte, runde, eckige, ovale und viele andere Muster. Die frische Spur seines Ochsen ist herzförmig. Jedoch ist das Tier verschwunden und die Spur der Herzen verliert sich auf dem harten Granitplateau, auf das die Menschen ihre Stadt, ihren Markt, ihr Dasein gegründet haben. Unter der schmalen Pforte der Stadtmauer verharrend, fühlt Faustus, dass er am Kreuzweg seines Lebens steht, und mit einem entschlossenen Ruck tritt er hinaus, um seinen Ochsen zu suchen.

Eine lange, beschwerliche Reise beginnt. Tiefe Täler des Zweifels muss Faustus durchwandern und immer wieder dasselbe schroffe Gebirge überwinden, das Gebirge seiner Bequemlichkeit. Eines Tages verflucht Faustus in der Wüste seiner einsamen Suche den Ruf seines Ochsen, und im selben Moment flimmert, wie von Geisterhand entschleiert, auf steilem Fels das lockende Bild einer Stadt.

Beschwingt, wie getragen von fremden Kräften, eilt Faustus der unbekannten Festung entgegen. Er tritt hinein und kennt sie bereits. Auch hier ist Weltenburg. Die gleichen Straßen und Häuser. Und dort sind der Markt und der Krug. Dieselben Gesichter, obwohl die Menschen eine andere Hautfarbe tragen.

Der Schmerz der Enttäuschung schärft sein Empfinden und, anders als damals im heimischen Weltenburg, nimmt Faustus hier die große Herde schwarzer Ochsen wahr, die traurig und unbemerkt auf dem Kehricht ausharrt.

Bei diesem Anblick verliert das farbenschreiende Marktgetümmel jeglichen Reiz für Faustus, und er weiß nun, dass er sich in keiner Stadt mehr zu Hause fühlen und nicht eher zur Ruhe kommen kann, als bis er seinen Ochsen aufgespürt hat.

Er hält Ausschau nach dessen herzförmiger Spur. Vergeblich zwar, aber angesichts der unfassbaren Vielzahl individueller Ochsenspuren zwischen Markttor und Unratwinkel begreift er endlich, wie vom Blitzschlag getroffen, dass er seinen Ochsen nur bei sich selber, am eigenen Ursprung finden kann.

Diese Erkenntnis verleiht ihm Flügel, und auf dem Heimweg scheinen ihm die Täler weniger tief und die Gebirge weniger hoch. Als er sich Weltenburg nähert, erspähen seine sehend gewordenen Augen schon von Ferne die deutlich gezeichnete herzförmige Spur seines Ochsen. Aus dem Urbeginn auftauchend, weist sie direkt auf seine Geburt, seinen Lebensweg, sein Haus.

Der Ochse, nunmehr in seidigem Weiß schimmernd, trabt gemächlich und majestätisch um das Haus herum und hebt Faustus freudig schnaubend sein Haupt entgegen. Als aber Faustus ungestüm auf ihn zuspringt, seinen Hals zu umarmen, wird der Abstand zwischen ihnen größer, obwohl das Tier seinen Trab nicht verstärkt. Je atemloser Faustus ihn verfolgt, desto weiter bleibt er zurück, bis er den Ochsen nicht mehr sehen, sondern auf der jeweils anderen Seite des Hauses nur noch hören kann.

Schließlich bezwingt Faustus seine Hast, und je mehr er seine Schritte mäßigt, desto näher kommt er dem uhrengleich vorwärtsdrängenden Tier. Willig lässt es sich umfassen und biegt dann einladend seinen Rücken, zu einem Ausritt fordernd. Aber Faustus wähnt sich am Ziel seines Strebens und ihn verlangt danach, sich von der zehrenden Irrfahrt zu erholen und seine zerrissenen und beschmutzten Kleider zu wechseln.

Er pflockt den Ochsen im Hof an und taucht ein in die noch unveränderte, materielle Welt seines Hauses.

Als er gebadet und mit modischem Reitgewand bekleidet in den Hof zurückkehrt, beginnt der Ochse zu stampfen und ungebärdig an dem Pflock zu zerren. Nutzlos verpuffen Faustus' Versuche, das Tier zu zähmen. Es schlägt mit den Hufen, stößt mit den Hörnern, und seine starken Zähne reißen an der Kleidung. Endlich bekämpft und überwindet Faustus seinen Verstand und wirft, seinem Herzen folgend, die Gewänder ab. Sogleich beugt sich der Ochse und Faustus kann sich auf den Rücken des Tieres schwingen. Der Ritt führt vor die Tore der Stadt.

Zum ersten Mal in seinem Leben bemerkt Faustus, dass sich jenseits der Mauern eine unendliche, in farbiger Blumenpracht wogende Wiese erstreckt, gesäumt von himmelwärts ragenden, sonnendurchfluteten Baumwipfeln. Leichtfüßig, ohne ein Hälmchen zu knicken, galoppiert der Ochse darüber hin, und die Gräser und Blumen neigen sich ihm entgegen. Er nährt sich von ihnen, ohne sie abzuweiden, und wird mit jedem Blütenhauch größer und durchsichtiger. Er wächst so unermesslich und wird doch so schwebend und durchscheinend, dass er wie eine Ätherhülle den ganzen Horizont bedeckt.

Faustus fühlt sich unendlich leicht, von jeder Irdenschwere losgelöst und doch mit jedem Grashalm und jeder Erdkrume verbunden. Fast erschrickt er, als das Tier ihn bei sinkender Sonne – zur letzten Bewährungsprobe – in die Stadt zurückträgt.

Dieses Mal bindet Faustus den Ochsen nicht im Hofe an, sondern führt ihn ins Haus. Den aufwendig gezierten Salon gestaltet er mit freudigem Lächeln zum Stall. Und das Dunkel der Nacht hat keinen Platz in diesem Stall.

Die durchdringend milden Strahlen des leuchtenden Ochsen füllen das ganze Haus und lassen das letzte Eiskristall in Faustus' Herzen schmelzen und den letzten Splitter in seinen Augen verglühen. Sein Geist und sein Herz sind jetzt mit ihrem Ursprung verbunden, und vor seinen quellklaren Augen steht der Ochse als sein immaterielles Spiegelbild. In diesem Lichtwirbel des Erkennens durchstößt der Ochse des Faustus Brust, fließt in Faustus ein und verschmilzt mit ihm.

Beseelt und beseligt geht Faustus am folgenden Tage auf den Markt. Er wendet sich zu der großen, nach Erlösung dürstenden Herde schwarzer Ochsen und ihrem feuergewandeten Wächter auf dem Unrat.

„Mephisto", ruft Faustus, „ich habe dich überwunden! Mein Ochse ist frei! Ich werde noch manches Mal in deine Herde einbrechen und allen jenen Menschen die Spur ihres Ochsen zeigen, die dem Sog deines verführerischen Marktes entrinnen wollen!"

Siegfried Schleicher

4. Juni (2021)
Oder: Meteorologischer Sommerbeginn

Temperamentvoll singen
die Amseln
hinweg
über den Lärm
auf der Straße

Vergnügt fliegen
die Mauersegler
hinein
in die Weite des Himmels
über Berlin

Vogel des Jahres (2021)

Jedes Jahr
wird ein Vogel
des Jahres gekürt
(nie ist die Wahl falsch)

Ich liebe
das Rotkehlchen,
seinen Mut, seine Zartheit,
seinen Gesang

Trotzdem –
die Mönchsgrasmücke
ist mein Vogel des Jahres

Man hört sie häufig
und sieht sie selten

Verlangsamt den Schritt
auf euren hastigen Wegen
und lauscht ihrem Gesang
und entdeckt im
lichtdurchfluteten Laub
das offene Geheimnis
des Namens

Juli-Sonntag

Siesta-Stimmung legt sich
auf den Großstadt-Kiez
Das Dauer-Rauschen
des Verkehrs flaut ab

Träge Tauben glucken auf Antennen
Spatzen tschilpen nahezu verträumt
Leise lachend schließt drüben
jemand eine Tür

Plötzlich schrillt die Bohrmaschine
Drehzahl-Angriff auf
Entspannungswünsche
Ein böser Nachbar fräst die Stille

Nur der Freund der alten Schlager
pfeift sein
Immer wieder sonntags
und packt wohl auch die Badehose ein

MARTIN SCHRÖDER

Blühende Worte

Der Ehrenvorsitzende unserer Kreisgemeinschaft Heiligenbeil Ostpreußen schreibt mir nach der Lektüre meiner Bücher: „Ihre ungewöhnliche interessante Vita (15 Berufe), vom Bauernjungen in Sargen zum letztendlich politischen Schriftsteller in Detmold. Ihre Tatkraft im jetzigen Alter noch, Sie haben meine Hochachtung."

Das, glaube ich, sind blühende Worte, die Frucht tragen, also Freude bereiten. Sie können wie ein Blumenstrauß wirken oder erst später die Frucht bringen.

Ich denke dabei auch an meine Namen Martin Gerhard. Meine Mutter hatte gern Paul Gerhards Lieder gesungen, und Martin Luther sollte wohl auch ein Vorbild für mich sein. Die Namen haben also geblüht und Früchte getragen, denn ein Rezensent schrieb: „Der Autor macht seinem Namen Ehre: Hier stehe ich, ich kann nicht anders."

Ja, und da fallen mir nun wieder die Ostpreußen ein, denn sie brachten mit ihrem -chen viele Worte zum Blühen. Meine Cousine war da typisch: Älter als ich, sagte sie noch Martinchen zu mir, als ich sie hier mit meiner Familie besuchte. Also da war das Vaterchen, Muttchen, Omchen, das Jungchen, Margellchen oder so ein Lümmelchen. Sonntag wars, es Sonnche schien, das Karchen ging im Wäldchen spaziern.

Alles, was sie mochten, brachten sie zum Blühen, denn sie lebten gern gemietlich miteinander. Zwei Nachbarn fahren mit dem Zug nach Zinten. Beim nächsten Halt steigt einer zu und wendet sich an einen der Nachbarn: „Tach, Paul, na wie geht?" – „Mir geht gut." – „Wie geht Frau und Kinderchen?" – „Na, auch ganz gut." An der nächsten Station steigt der wieder aus und dann fragt ihn sein Nachbar: „Sag mal, du heißt doch nicht Paul, hast keine Frau und Kinder, warum sagtest ihm das nicht?" – „Ja meinst Du, ich wollt mich mit dem Kerl da streiten?"

Unlängst zitierte ein Leserbriefschreiber Schillers blühende Worte:

Das ist es, was den Menschen ziert,
und dazu ward ihm der Verstand,
dass er im inneren Herzen spürt,
was er erschafft mit seiner Hand.

Meine Ergänzung:

Auch was der Mensch geistig hat erschaffen,
beglückt und spürt dann im Herzen er.
Das unterscheidet ihn vom Affen,
denn beides bringt Befriedigung ihm her.
Dann tut er tanzen, lachen und singen,
doch Frieden halten will ihm nicht gelingen.

Jedoch schon die alten Prussen waren ein friedliches Volk, sie mußten sich allenfalls gegen Polen und Litauer zur Wehr setzen. Die Neusiedler haben durch die Christianisierung allerdings auch etliches an Kultur übernommen. Daß die Ritter jedoch ihre „Heilige Eiche" mit einem Beil fällten und den Ort dann Heiligenbeil nannten, gehört sicher nicht zu ihren Ruhmestaten. Sie besangen dann die natürlichen Schönheiten ihrer Heimat mit ihrer Hymne, dem Ostpreußenlied, welches ich mit 4 Schicksalsversen ergänzt habe.

Land der dunklen Wälder und kristallnen Seen.
Über weite Felder lichte Wunder gehn.

Starke Bauern schreiten hinter Pferd und Pflug.
Über Ackerbreiten streicht der Vogelzug.

Und die Meere rauschen den Choral der Zeit.
Elche stehn und lauschen in die Ewigkeit.

Tag ist aufgegangen über Haff und Moor.
Licht hat angefangen, steigt im Ost empor.

Ergänzung:

Das ist auch so geblieben, doch du mußtest darben,
Deutsche sind vertrieben, zeigen deine Narben.

Der schönste Bernsteinstrand, gar nicht übertrieben,
der ist nun in fremder Hand, müssen alle lieben.

Heimatrecht soll keimen unterm Kant und Dom,
daß du blühn kannst morgen, zwischen Strand und Strom.

Auch die Glocken künden von Gerechtigkeit,
und ist dann überwunden unser Trennungsleid.

Es gab nicht nur die „starken Bauern", sondern sehr wohl etliche Geistesgrößen wie Kant, Herder, Corint, Dach, E. T. A.
Hoffmann, Kopernikus, Kollwitz, Agnes Miegel, um einige zu
nennen. Denn Heinz Kebesch aus Tilsit hat 2004 vierundvierzig
Geistesgrößen benannt und mit Daten versehen.

Darum darf man auch die großen Leistungen Herzog Alb-
rechts nicht vergessen. Aus einem katholischen Ordensstaat hatte er durch Martin Luthers Beratung 1525 das protestantische
Herzogtum geschaffen. Im Jahre 1544 gründete er die Königs-

berger Uni Albertina, welche auch etliche Philosophen hervor-
brachte. Simon Dach, Professor der Poesie dichtete im 17. Jahr-
hundert das heute noch beliebte Lied „Ännchen von Tharau".

Das alles, die Eigenarten der Ostpreußen, wird durch die
Vertreibung verloren gehen, zumal Deutsche noch die Sieger
übertreffen. Darum sagte der Franzose Jean Raspail, der mit 94
verstorben ist: „Die Deutschen vergessen ihre Geschichte", und
verneigte sich vor Preußengeist. Er hatte Gräfin Dönhoff gelesen und war begeistert, erinnerte an das Verlorene. Darum auch
fordert uns der US-Völkerrechtler de Zayas mit seinen 80 Thesen zur Vertreibung erneut auf: „Das Unrecht darf nicht vergessen werden, denn die Vertriebenen waren keine Täter, sondern
Opfer!"

Wegen des Holokaust ist es wohl nötig, dass Ausländer uns
blühende Worte sagen, damit die Deutschen begreifen, was auch
mit ihnen geschehen ist.

Denn Königin Luises Forderung ist nicht mehr allgemein
bekannt:

„Gemeinsam dem Unrecht entgegentreten ist HEILIGE
PFLICHT.

Wir brauchen kein Schwert und Säbel, nur die Wahrheit zählt
und führet zum Licht."

HARTMUT SCHUSTEREIT

Gesellige Cineasten

„An einem so schönen Sommertag solch einen finsteren Blick? – Ich hoffe, dir ist nichts zu Übles widerfahren", meinte Alec.

„Wie man's nimmt", antwortete Gary. „Mein Mißmut über den eben gesehenen ‚Schinken' beginnt zu verfliegen, weil ich mich jetzt mit dir zu ihm äußern kann."

„Da kann ich doch sicherlich einen Verriß erwarten?"

„Allerdings!"

„Wie freut es mich, dir gerade jetzt zu begegnen. Ich wollte nämlich eben einen guten Tropfen genießen, weil ich gerade eine gute Tat getan habe. Nun werde ich ihr eine zweite hinzufügen und dich in die ‚Goldene Traube' mitnehmen. Dort wirst du bald wieder gutgelaunt sein, nicht zuletzt deswegen, weil ich annehme, daß Humphrey, Gregory und Howard entweder schon da sind oder noch dazukommen werden. Vielleicht", fügte er wie beiläufig hinzu, „läßt sich auch Ava wieder einmal sehen." Verschmitzt lächelnd bemerkte er, wie sich Garys Miene aufhellte.

Hätte jemand dies zufällig gehört, hätte er sich vergeblich gefragt, aus welchem Grund sie sich mit solchen Vornamen anredeten.

Nun, er war einer übermütigen Laune eines kleinen Freundeskreises entsprungen, dessen Angehörige allesamt begeisterte Anhänger hochwertiger alter Filme waren. Irgendwann war einer auf den Gedanken gekommen, man könne sich bei ihren Treffen doch mit den Vornamen von Künstlern anreden, deren Schauspielkunst man besonders schätzte.

„Bis wir dort sind", meinte Gary, „wirst du mir deine erste gute Tat mitteilen, damit ich sie nachher vor den anderen rühmen kann. – Also, was hast du getan?"

„Ich habe jemanden davor bewahrt, sich das eben von dir erwähnte Machwerk anzusehen."

„Das war in der Tat höchst lobenswert. – Wenn ich bedenke, welche Meisterwerke in früheren Zeiten gedreht worden sind! – Doch darüber sollten wir alle nachher diskutieren."

„Falls wir uns zunächst nicht über einiges aus dem Entstehen der Filmkunst unterhalten werden."

„Warum?"

„Hat dir Humphrey nicht erzählt, daß er heute eine gute Bekannte – er nannte sie Maureen – mitbringen wollte?"

„Nein. – In diesem Fall werden wir sie ein wenig prüfen."

Einer der Räume der „Goldenen Traube" besaß einen geräumigen Erker, in dem ein großer runder, fast ganz von Sitzbänken umgebener Tisch stand. Man konnte jenen, der fast schon einem kleinen Nebenraum glich, nur von einer Seite aus betreten. Die Wände waren über und über mit alten Filmplakaten und, vor allem, mit großformatigen Portraits berühmter Künstler bedeckt.

Hier trafen sich die Enthusiasten. Bis alle beisammen waren, versammelten sie sich vor dem Eingang, um stehend die Neuhinzukommenden zu erwarten und sich bei bereits lebhaften Gesprächen und einem Gläschen die Zeit zu verkürzen.

Nachdem sich Humphrey und – erstmals – Maureen zu den bereits Anwesenden gesellt und er sie vorgestellt hatte, deutete Gary auf ein altertümliches Gerät, das neben dem Zugang zum Erker auf einer Anrichte stand: „Ein Kinematograph."

„Kenne ich", entgegnete Maureen. „Die deutsche Bezeichnung gefällt mir allerdings besser: ‚Bewegungsbildwerfer', und statt ‚Kinematographie' sage ich lieber ‚Kunde vom Lichtbildwesen'. – Habe ich die Aufnahmeprüfung bestanden?" erkundigte sie sich dann mit einem ironischen Lächeln.

„Die gibt es bei uns nicht, doch lassen Sie uns nur noch wissen, was ein Kinetoskop ist."

„Eine Vorrichtung zum Vorführen zahlreicher Augenblicksbilder."

Nachdem man sich über diese Formulierungen erheitert hatte, meinte Howard: „So einfach diese Geräte auch waren, so hervorragend waren die Streifen, die sie zeigten. Doch über diese sollten wir uns drinnen unterhalten".

Nachdem sich alle um den Tisch gesetzt hatten, fuhr er fort: „Es ist ja nicht von ungefähr, daß sich die Kinos zunächst Lichtspiel- oder gar Filmkunst-Theater nannten. Schließlich hatten die Darsteller bisher auf Theaterbühnen gestanden. Die Schauspieler mußten singen und fechten, die Schauspielerinnen mußten singen und tanzen können. Und noch eins: Alles mußte sofort klappen, weil es nicht, wie beim Film, möglich war, eine mißglückte Szene wiederholen zu lassen. – Tja, damals konnte wirklich noch von Schauspielkunst gesprochen werden."

„Auf die künstlerische Qualität", fügte Gregory hinzu, „haben klassische Vorlagen in erheblichem Maße eingewirkt. Wie oft sind früher Werke der Weltliteratur verfilmt worden – von den ‚Zehn Geboten' bis hin zum ‚Faust'."

„Und heutzutage?" merkte Gary kritisch an. „Heute wirkt es manchmal so, als ob die technischen Spezialeffekte die Handlung ersetzen würden. Um nicht mißverstanden zu werden: Ich wende mich keineswegs gegen sie insgesamt, sondern nur gegen ihre die Handlung überlagernde oder gar ersetzende Verwendung."

Dem stimmte Ava zu und verwies auf einen frühen Einsatz solcher Mittel: „Schon in dem Stummfilm ‚Das Phantom der Oper', der 1926 gedreht worden ist, fiel der Kronleuchter von der Decke. Doch da dies einer der wenigen Tricks war, war dessen Wirkung so eindrucksvoll.

Dies trifft auch für die Gestaltung von Gesichtszügen zu. Diejenigen des ‚Phantoms' waren gekonnt gestaltet" – „was auch", wurde sie von Gary unterbrochen, „nicht nur bei diesem Klassiker so war. In der Erstverfilmung des ‚Glöckner von Notre Dame' wirkten diejenigen Charles Laughtons, der den Quasimodo spielte, abgrundtief häßlich. Diejenigen Anthony Quinns hingegen, der diese Rolle in einer Neuverfilmung ein Vierteljahrhundert später gab, waren nur eine mehr oder minder unschöne Fratze."

„Ja, ja, dieser immer wieder unternommene Versuch, auf diese Weise an einen Erfolg anzuknüpfen", seufzte Charlton. „Meistens reichen solche Produktionen nicht an die Erstfassung heran.

Es gibt allerdings Ausnahmen, zum Bespiel ‚Ariane'. Dieser in den dreißiger Jahren gedrehte Streifen wurde von der mehrere Jahrzehnte später entstandenen Neufassung mit dem zusätzlichen Titel ‚Liebe am Nachmittag' turmhoch übertroffen. Allein die Leitmelodie! – Wie bedauerlich, daß wir jetzt kein Grammophon oder, wie sich Maureen vermutlich ausdrücken würde, keine ‚Sprechmaschine' hier haben."

„Und dann diese bezaubernden Schauspielerinnen wie Ariane, äh, ich meine Audrey Hepburn", begann Gary zu schwärmen. „Sie ist –"

„Sie ist wohl", unterbrach ihn Howard mit einem Blick auf die zierliche schwarzhaarige Ava, „dein ‚Typ'". Er wandte sich an die weiblichen Mitglieder der Tischrunde: „Ihr seid gewarnt."

Diesen in die Augen schauend, scherzte Gary: „Ich könnte jetzt ablenken und trällern ‚Ob blond, ob braun, ich liebe alle Frau'n', doch ich bleibe bei der Wahrheit. Ja, dieser Typ fasziniert mich immer wieder, und zwar von A bis Z."

„Wie ist das gemeint?"

„Nun, ganz einfach: Von Ingrid Andrée bis Sonja Ziemann."

„Wer ist denn nun der wirklich Begeisterte, der Ästhet oder der Mann?" wollte Ava mit hintergründigem Lächeln wissen.

„In diesem Augenblick ersterer", entgegnete Gary, „und zwar aus folgendem Grunde: Mir fiel gerade die aus Pozzuoli gebürtige Sophia ein. Ich sah vor einiger Zeit ein Foto von ihr und einer ihrer französischen Kolleginnen aus St. Tropez. Beide sind gemeinsam fotographiert worden, weil sie demselben Jahrgang angehören und den gleichen ‚runden' Geburtstag feiern konnten.

Diese Aufnahme wäre mit Blick auf die Kleinere besser nicht gemacht worden. Denn nicht nur ihr Haar, sondern auch ihre Augenbrauen und Wimpern waren derartig geschwärzt, daß ich zunächst nicht erkennen konnte, wer sie war."

„Ich errate es", lästerte Gregory. Er tat so, als ob er ihren Vornamen französisch aussprach, gab das ‚g' in ihm jedoch nicht stimmhaft, sondern so stimmlos von sich, daß es wie ‚Brieschiet' klang.

„Welch ein Unterschied zur Loren!" fuhr er fort. „Bei deren Anblick kann man wirklich von Altersschönheit sprechen."

Gary, dem nicht entgangen war, daß die abwertende Äußerung Gregorys von einigen unmutig aufgenommen worden war, lenkte das Gespräch in eine andere Bahn.

„Zu den nicht nur anmutigsten, sondern auch erstaunlichsten Launen der Natur gehört es, daß sie die Tochter einer ungewöhnlich schönen Frau ebenso bildschön wie ihre Mutter werden läßt.

Es ist schon einige Zeit her, daß ich in einer Zeitschrift zufällig das Bild einer jener hervorragenden Schauspielerinnen sah, von denen es in früheren Zeiten so viele gab. ‚Die Bergmann' erkannte ich sofort. Doch nein, das konnte nicht sein – oder war das Bild vor Jahrzehnten gemacht worden? Ich blickte auf den unter ihm stehenden Text und las den Namen: Isabella Rosselini."

„Die verjüngte Mutter – wie wahr", wurde ihm allgemein zugestimmt. „Und wie sah diese aus?"

„Das kann ich nicht sagen, weil sie nicht mit auf dem Bild war. Doch von ihrer Tochter habe ich eins aus späteren Jahren gesehen. Hätte ich nicht die danebenstehende Erläuterung gelesen, hätte ich nicht einmal geahnt, daß es ein und dieselbe Frau war."

„Hat ‚die Bergmann' auch heitere Rollen gespielt?" erkundigte sich Vivian.

„Ja", entgegnete ihr Gary, „in ‚Indiskret'."

Da lachte Ava leise auf und neckte ihn: „Du hast tatsächlich als Ästhet gesprochen." Sich den anderen zuwendend, fügte sie hinzu: „Die männliche Rolle in dieser Komödie spielte – na, wer wohl?! – ein Star mit dem Vornamen Gary! Schwärmte auch der für sie?"

„Was heißt hier ‚auch'? Ich habe lediglich zum Ausdruck gebracht, daß ich ihre Schauspielkunst sehr schätze. Auch wenn du diesen Film kennst, könnten wir ihn uns demnächst ansehen, und du wirst feststellen, daß ich recht habe."

„Ein guter Vorschlag", meinte Ava.

„Nun, laßt uns jetzt den Termin festlegen und dann unser Beisammensein beenden. – Bin ich der einzige, der anschließend etliches von dem erledigen möchte, was er sich für heute vorgenommen hat?"

„Durchaus nicht", tönte es wie ein Signal zum allgemeinen Aufbruch.

Gary hatte einiges vor. Doch da er noch etwas Zeit erübrigen konnte, setzte er sich zunächst in die Lounge, um verschiedene Papiere zu ordnen. Er machte es sich bequem und gönnte sich ein Schlückchen.

Als er zufrieden um sich blickte, fiel sein Blick auf die sich gerade öffnende Tür der Lounge. Zwei junge, vielleicht sechzehn bis siebzehn Jahre alte Jugendliche traten ein. Er wollte seinen Blick schon abwenden, als er das Gesicht des jungen Mädchens sah. Er wähnte, ein Trugbild zu erblicken. „Das ist doch Sieglind", stieß er kaum hörbar hervor. „Ach was, das ist nicht möglich, sie könnte ihre Tochter sein – könnte? Nein, sie muß es sein!" Er lehnte sich zurück, schloß die Augen und dachte an die Zeit mit Sieglind.

Er hatte sie auf merkwürdige Weise kennengelernt. Seine Eltern hatten einen so großen Bekanntenkreis, daß sie ihn in einen äußeren und in einen inneren Teil aufgliederten. Zu letzterem gehörte jemand, der drei erwachsene Kinder – einen Sohn, zwei Töchter – hatte. Man kannte sich zwar, doch nicht näher.

Eines Tages nun suchte die eine von ihnen, Gerda, einen Tanzpartner für ihr Klassenfest. Sie ging so vor, daß sie Gary nicht einfach einlud, oh nein! Sie fragte ihren Vater, ob der sich nicht bei seinem Vater erkundigen könne, ob der nicht ihn fragen könne, ob er mit ihr zu ihrem Klassenfest gehen würde.

Zwar lag ihm nicht viel daran teilzunehmen, doch da er wußte, wer sie war, sagte er zu – nicht zuletzt deswegen, weil ihm keine überzeugende Ausrede eingefallen war.

Er erinnerte sich nicht mehr an das, was während der Tanzpausen gesprochen wurde, sondern nur an folgendes: Irgendwie hatte er sich veranlaßt gefühlt zu fragen, ob man auch einmal mit der Klassensprecherin tanzen müsse.

„Man muß nicht", lautete die Antwort seiner Tanzdame.

Als er daraufhin leise in sich hineinlachte, nannte er Gerda den Grund. „Da erkundige ich mich und weiß nicht einmal, wer sie ist."

„Sie sitzt dort drüben", wurde er beschieden.

Als er äußerte, daß er nicht so neugierig sei, um sich jetzt umzudrehen, meinte sie: „Dann werde ich Sie bei passender Gelegenheit miteinander bekannt machen."

Von seinem Gedankengang abschweifend, dachte Gary: „Wie formal haben wir uns in jener Zeit verhalten, in der sogar wir, bereits halberwachsene Jugendliche, uns siezten! – Doch zurück zur Hauptsache!"

Die Vorstellung erfolgte bald. In der halben Stunde, in der die Kapelle pausierte, konnte man einige Erfrischungen zu sich nehmen. Als er sich in Bewegung setzte, um seine Tanzpartnerin und sich mit etwas Eß- und Trinkbarem zu versorgen, hörte er diese, die sich nach rechts gewendet hatte: „Hallo, Sieglind! Ich möchte dir meinen Tischherrn vorstellen."

„Bitte sehr!"

Schräg hinter Gerda stehend, erblickte er sie. „Potz Blitz, ist die hübsch!" Mit einem einzigen Blick nahm Gary alles in sich auf: ihr schwarzes Haar, ihre großen dunkelblauen Augen, ihre dichten dunklen Wimpern, ihre feingeschwungenen Lippen, ihren zartrosigen Teint.

Nachdem Gerda ihn vorgestellt hatte, wurden nur einige belanglose, „Konversation" genannte Worte gewechselt, bevor man zu den Tischen zurückging. Nach der Pause forderte Gary Sieglind zu einem der nächsten Tänze auf, nicht ohne vorher zu Gerda gesagt zu haben, daß er seine Pflichtkür schnell hinter sich bringen wolle. – „Von wegen ‚Pflicht'!" dachte er dabei.

Kaum hatte der Tanz begonnen, lächelte er Sieglind mit den Worten zu: „Wie ist es möglich, eine so schöne Frisur wie die Ihre als ‚Bubikopf' zu bezeichnen! Französisch klingt es doch viel besser – ‚à la page'. Aber wie immer man sie nennen mag – auf jeden Fall ist sie schöner als die andere Frisur, die in früheren Zeiten als eine Art Gegenstück getragen wurde."

„In welcher Hinsicht?" erkundigte sich Sieglind.

„In gewisser Weise in politischer. Die damals moderne Frau trug ‚Bubikopf', die vaterländisch gesonnene hingegen den ‚Königin-Luise-Gedächtnisknoten'."

Wie melodisch ihr leises Lachen klang!

Bevor er fortfahren konnte, wollte Sieglind wissen, ob es sich bei Ausdrücken wie ‚modern' und ‚vaterländisch' um Gegensätze handele. – Auf solch eine Bemerkung hatte Gary gewartet. Denn Sieglind gefiel ihm so gut, daß er sie unbedingt wiedersehen wollte. Sofort hakte er ein: „Das ist eine Frage, die sich nicht schnell beantworten läßt. Es wäre mir sehr lieb, wenn wir sie ausführlich erörtern könnten. Wie wäre es, wenn wir uns morgen gegen halb elf am Denkmal treffen würden? Wir könnten dann während des Spazierganges über alles eingehend sprechen."

„Ist dies in einer Stunde möglich? – Wir essen nämlich um zwölf", fügte sie erläuternd hinzu.

„Gewiß. Sie kennen vermutlich den Weg, der am See entlangführt?"

Sie nickte.

„Wenn man ihn nicht ganz umrunden will, kann man, wie Sie wissen, bald nach links abbiegen, um durch das Wäldchen an den Fluß zu gelangen, an dem der Weg in die Stadt zurückführt."

„Dagegen ist nichts einzuwenden."

Wortlos drückte er ihr die Hand und verspürte einen leichten Gegendruck.

„Was ist? Was erheitert Sie?" wollte sie gleich darauf wissen.

„Das sollte ich eigentlich nicht sagen, weil ich nun ein wenig flunkern werde. Eigentlich wollte ich es Ihnen erst morgen eingestehen – doch warum nicht jetzt schon? Ich werde mich an meine Tanzdame wenden und ihr – nein, bitte, lassen Sie mich Ihnen das erst morgen sagen."

„So, so! Jetzt haben wir uns eben erst kennengelernt, und schon haben wir ein Geheimnis."

Während Gary vergeblich darüber grübelte, worum es gegangen war, lenkte eine Überlegung seine Gedanken urplötzlich in eine ganz andere Richtung.

„Die beiden sind doch sicherlich nicht allein hier, sondern begleiten ihre Eltern. Wie verhalte ich mich, wenn jetzt Sieglind erscheint?"

Sofort begann er, darüber nachzudenken, und immer weitere Möglichkeiten fielen ihm ein, wie er sie begrüßen könnte.

„Soll ich, sobald ich sie erblicke, aus dem Sessel schnellen, mit federnden Schritten auf sie zueilen und ihr strahlende Blicke zuwerfen?

Oder soll ich gelassen aufstehen, gemessenen Schrittes auf sie zugehen und sie dabei gewinnend anlächeln?

Oder soll ich mich, sobald sie sich nähert, erheben und dabei so tun, als ob ich sie nicht bemerkt hätte, um dann den – natürlich freudig – Überraschten zu spielen, und sie beglückt anschauen?

Oder soll ich gar nichts tun und nur dafür sorgen, daß sie mich erblickt? Dann könnte ich feststellen, wie sie sich mir gegenüber verhält – falls sie mich überhaupt noch erkennt."

Ihm wäre noch mehr eingefallen, wenn er in diesem Augenblick nicht einen leisen Ruf gehört hätte, auf den das junge Mädchen mit „Ja, Mutter" reagierte. Er spähte in die Richtung, aus der gerufen worden war und sah, daß sich das junge Mädchen umgewandt hatte und wartend stehen geblieben war. Gleich darauf erblickte er die Nähertretende: Es war *sie*. Auf ihre Tochter zutretend wandte sie ihren Kopf so, daß sie ihn gar nicht bemerkte.

‚Welche Schönheiten', dachte er, Mutter und Tochter bewundernd betrachtend. Während diese wie eine zu erblühen beginnende Knospe einer Rose wirkte, glich ihre Mutter einer zu voller Pracht entfalteten.

Auch jetzt noch erinnerte sich Gary daran, wie schön die Zeit mit Sieglind gewesen war. Sich an eine Romanze aus einer französischen Oper erinnernd, summte er „On revient toujours à ses premiers amours – nein, eben nicht!" widersprach er sich. „Niemals kehrt man zu seiner ersten Liebe zurück."

Er hielt es für die gelungenste Lösung, daß sie an ihm vorbeigegangen war, ohne ihn wahrgenommen zu haben und befand, daß ihm nur verblieb, sich auf französisch zu empfehlen. Erleichtert zog er sich zurück.

Roswitha Charlotte Schwenk

Bildbetrachtung
„Abendsonne" von Emil Nolde

ins Licht
trägt uns
die Farbe
nur durch
sich allein
sie ist Musik
in Öl getaucht
durchflutet uns
im Innen
ganz still
trägt sie
die Töne
Bild in Bild
erfasst die Sinne
kontemplativ von
Raum und Stille
im Zwiegespräch
zur Harmonie
expressiv im
Bild vereint

Der Karikaturist Wilhelm Busch

ein Meister mit der spitzen Feder
zieht gerne frisch vom Leder
und sieht der Lüge ins Gesicht
die einen großen Spaß verspricht

die Kunst es auf den Punkt zu bringen
lässt manches Herz vor Freude springen
doch wehe wen der Pfeil getroffen
der kann nur auf Vergebung hoffen

DAHEE TEM

Lebenswelle

Die tiefe Trauer im Herzen,
die Gedanken voller Schmerzen,
wiederholt alles durchleben,
es bleibt stehen, das Leben.

Angehalten hat die Welle,
bleibt stehen auf einer Stelle,
still, leise wie in einer Bucht,
zu spüren ist der Wellen Wucht.

Die Trauer zeigt ihr Gesicht,
feiert ein Fest, ohne Rücksicht,
raubt, erschwert den Atem,
die Dauer wird nicht verraten.

Die Unruhe wird zum Ritual,
das Loslassen zu einer Qual.
Die Tränen fallen auf den Sand,
getrennt ist das Lebensband.

Die Kraft der Tränen erreichen,
der Stille nicht ausweichen.
Der Frieden nähert sich dem Strand,
der Lebenswelle am Meeresrand.

Frühlingsblüten

(in Memory of Maria)

Des Windes sanfte Brise
in Blüten der Blumenwiese,
die Erinnerungen erwachen,
schöne Momente mit Lachen.

Der Wind der Wärme soll wehen,
ohne Worte alles verstehen.
Die Tage vor den Augen halten,
mit gemeinsam erlebten Zeiten.

Der Wind der Nähe soll wehen,
den Gedanken beistehen.
Der Austausch in vielen Stunden,
die Lösungsvarianten erkunden.

Der Wind der Liebe soll wehen,
Augenblicke dankbar sehen.
Die Bilder des Erlebten erfassen,
ich muss dich gehen lassen.

Der Wind der Hoffnung soll wehen,
Erinnerungen niemals vergehen.
An den Gott immer tief glauben,
den Tränen freien Lauf erlauben.

Die Seelenverwandte, sie fehlt,
der Weg ist nicht mehr versperrt.
Die Liebe zu den Frühlingsblüten,
im Herzen will ich alles hüten.

ROLAND WATZKE

Magie

– Magische Momente, Magische Orte –

Und diese Berge ringsherum
haben schon so viel erlebt, gesehen.
Magische Momente an magischen Orten.
Werde sie in Erinnerung halten
und über sie schreiben …

Werden andere Menschen an diese
Orte kommen –
gleiche Gefühle und Erlebnisse,
gleiche Gedanken und Erinnerungen.
Sind so verbunden auch
mit mir und meinen Gedichten.
Werde sie auffordern, uns zu treffen,
und sei es auch nur in meinen
Gedichten.

– Magische Momente, Magische Orte –

Der Dichter als Wächter und Bewahrer
über die Zeit …

Auf der Suche

In den Weiten der Wüste
Auf den Gipfeln der Berge
In der Tiefe des Meeres
Auf der Suche nach
der Schwester der Einsamkeit
– der Stille –

Hommage an die Ostsee

Und jedes Jahr kommen wir wieder,
um zu sehen, wie Störtebeker gekämpft hat …
Jedes Jahr eine neue Chance!
Eine neue Hoffnung auf Freiheit.
Leben am Strand.
Rauschen der Wellen.
Schreie der Möwen.
Donnern die Kanonen der Schiffe
übers Meer, strahlendes Licht …
Dieselbe Geschichte jedes Jahr,
keine Wiederholung …
bekannt und doch neu!

Der alte Windflüchter (Darß)

Stürme des Meeres –
wie Stürme eines Lebens …
Und der Windflüchter
flieht mit meinen Gedanken
gebeugt und gebeutelt
            in eine stille Landschaft …

Die Leistung des Dichters

„Und deine Gedichte
haben mich an die Lyrik
   herangeführt,
habe angefangen, sie zu verstehen."
Was für eine Leistung
   des Dichters!

Betrachtungsweise

Und alles ist relativ!
Die Wahrnehmung, die Erinnerung
ist die Vergangenheit.
Der Wunsch ist, die Zukunft
zu kennen.

Die Heckenrose (für dich)

Klein und zierlich,
       jung und erster Duft.
Viele Blüten und Farben,
       gereift in sonniger Luft.
Knorrig und alt, doch schön
       anzusehen!
Umgeben von kleinen Rosen,
       den Kindern und Enkeln,
wird wohl ewig so bestehen!

WOLFGANG A. WINDECKER

Sekretär

Schreibschrank hat
Oma Launhardt dich
immer genannt.
Als Kind nannte
ich dich
den Bauernschrank,
weil Opa Adam
Bauer war.

Du bist alt,
uralt.
Stolz von Generationen.
Dunkles Holz,
viele Schubladen –
zur Freude der
Großeltern.
Onkel Heinrich wollte
ihn unbedingt,
doch Mutter dachte an
meine Wünsche,
konnte ihn für sich,
für mich ergattern.
Bist du noch zeitgemäß?
Wer will dich
noch haben,
alter Freund?

*Aus der Ausstellung „Baumkuriositäten"
von Wolfgang A. Windecker; hier: eine Baumkuriosität
aus den Kensington Gardens in London*

Inna Zagrajewski

An die Hunde

Ich hatte acht
     Hunde
und habe
     jetzt kein'n …
Du fragst mich:
     „Warum denn?"
Es läuft
     die Zeit.

„Zu leben –
     ohne Hunde!"
Nein …
Ich gehe ins Tierheim.
In einiger Zeit wird der Hund
den Herrn ähnlich.

Wenn ich dich sehe,
     lieber Hund,
wegen Entzückung
     bleib' ich steh'n …
Wie schön sind deine
     Nase, Mund
und Füße mit dem langen Fell …
Und auch Augen,
     mein Hund,
sind wie bei Leuten
     (gar noch besser).

Sie sind ausdrucksvoll
     und so gut....
Sie haben zu mir
     viel Interesse.
Sie sagen mir was,
gar wenn du
   bellst
(sie sprechen nicht,
wie Leute
   sprechen).
Und trotzdem –
   ich verstehe dich
und antwort'
   ohne Wort,
mit Lächeln …

AUTORENSPIEGEL

Adam, Elisa

Elisa Adam ist 23 Jahre alt und geborene Leipzigerin. Sie hat bereits einige Gedichte verfasst und arbeitet derzeit an einem Roman sowie mehreren Kindergeschichten.

Mithilfe ihrer Gedichte will die Autorin erstmals Leser und Leserinnen einladen, in ihre Welt einzutauchen: eine Welt voller Fragen sowie erkannter Widersprüche und dennoch mit dem ganz großen Streben nach Gerechtigkeit. Zugleich spürt man in ihren Werken immer wieder Dankbarkeit sowie die Auseinandersetzungen mit sich selbst und dem Leben. Beim Entdecken ihrer ersten Veröffentlichungen wünscht Elisa Adam viel Spaß, und sie lädt zum Austausch über ihre E-Mail: elisa.adam@ymail.com sowie ihren Instagram-Account: einfach_else ein.

Althof, Gerhard

Geboren 1949 in Hannover, war der Autor als Vermessungstechniker daran beteiligt, Erdöl und Erdgas zu finden. Nach dem Abendgymnasium und Jurastudium schrieb er Artikel für verschiedene Zeitungen und arbeitete später als Vermögensverwalter. Während dieser Zeit entstanden mehrere Kurzgeschichten, die zunächst unveröffentlicht blieben. Entstanden sind sie aus nachdenklich stimmenden Begegnungen mit Menschen und Situationen. Dennoch trägt Althof den Inhalt nicht tragisch mahnend vor, sondern beschreibt mit Humor, gewürzt mit einem Schuss Ironie, gegenwärtige und vielleicht kommende Problematiken, um auf diese Art und Weise ein breiteres Interesse daran zu wecken. In seinem Beitrag in diesem Band blickt er auf lange zurückliegende Erlebnisse mit zwei Menschen zurück, die ihn geprägt haben.

Barsch, Christian

Der Autor wurde 1931 in Cottbus geboren und war 35 Jahre lang am Konservatorium seiner Vaterstadt als Lehrer tätig.

Von Christian Barsch erschienen mehrere eigenständige literarische Werke – „Vier Streiflichter", „Fremdes Gesicht", „Jahreszeitenbilder", „Hotel an der Brücke" (Frieling-Verlag, ISBN 978-3-8280-3321-4), „Brack" (Frieling-Verlag, ISBN 978-3-8280-3362-7), „Welt der Dämonen" (Frieling-Verlag, ISBN 978-3-8280-3386-3) und „Miniatur-Dialoge" (Frieling-Verlag, ISBN 978-3-8280-3396-2) – sowie ausgewählte Arbeiten in einer Vielzahl von Sammelbänden, darunter in bislang 140 Frieling-Editionen. Im vorliegenden Band ist der Autor mit einem weiteren Teil seines lyrischen Werkes „Krrzwpps" vertreten.

Bataineh, Burtchen

Mehr als ein Dreivierteljahrhundert, voll gepackt mit neugierig ge-bliebenem und abwechslungsreichem Leben, ist die bisherige Bilanz dieser „Storyteller" genannten Berlinerin. Nach dem Abitur lernte sie zunächst Buchhändlerin, war dann Antiquarin und Verlagsgrossistin, wechselte etwa alle 5 Jahre in neue Berufe wie: Postausfahrerin, Be-schäftigungstherapeutin und Versicherungsagentin in Hessen, Alten-pflegerin und Verwaltungsangestellte im UKBF in Berlin. Nach ihrer Pensionierung wurde sie ehrenamtlich als Lesepatin tätig.

Neben der Erziehung ihrer vier Kinder schrieb sie Geschichten, die sie seit 2005 im Frieling-Verlag veröffentlicht: „Ein leiser Stern. Das un-gewöhnliche Leben der Indianerin Sacajewea" (ISBN 3-8280-2195-6) und weitere Beiträge in 18 Anthologien.

Blumenstein, Friedebert

Der Autor wurde 1935 in Kassel als Sohn eines Pfarrers geboren und wuchs in der thüringischen Rhön sowie im thüringischen Kreis Arn-stadt auf. Nachdem er in Eisenach eine Ausbildung zum Kantor und Katecheten erhalten hatte, war er von 1959 bis 1998 im Dienste eines Kantors in Thüringen und Sachsen tätig. Er ist seit 1961 verheiratet und Vater von vier Kindern. Seit seinem Eintritt in den Ruhestand lebt er in Meiningen.

Friedebert Blumenstein widmet sich seit 1954 dem Schreiben von Gedichten. Im Frieling-Verlag erschienen Beiträge aus seiner Feder bereits in den Sammelwerken „Reise, reise!" (2001), „Damals war's" (2002), „Welt der Poesie" (2009 und 2015) und „Wenn Worte blühen (2018). Auch im vorliegenden Band präsentiert er Beispiele seiner ly-rischen Sprachkunst.

Bubbel, Diethelm Max

Der 1949 im Land Brandenburg geborene Autor wuchs im Ostteil Ber-lins auf und erlernte nach Abschluss der 10. Klasse den Beruf eines Elektromonteurs. In den Siebziger- und Anfang der Achtzigerjahre ar-beitete er nach einer Spezialausbildung im operativen Dienst auf dem Gebiet der Fernsehübertragungen in der DDR. Nebenberuflich beschäf-tigte er sich mit der Erhaltung von Kulturwerten in Form von Kraft-fahrzeug-Oldtimern, die er auch für die originalgetreue Gestaltung von Spiel- und Fernsehfilmen einsetzte. 1984 erhielt er den Status eines Erwerbsunfähigkeitsrentners. Um ein dem Autor seit 1975 gehörendes historisches Gebäude im Land Brandenburg nach dessen Wiederaufbau zu erhalten und nutzen zu können, betrieb er mit seiner Ehefrau in die-sem von 1992 bis 2009 eine Gaststätte. Nach dem Tod seiner Frau lebt er seit 2016 mit einer Partnerin aus der Berliner Kunstszene auf seinem denkmalgeschützten Anwesen und stellt mit ihr Kunst und Kultur zur Schau.

Im Frieling-Verlag erschienen von Diethelm Bubbel, der sich ab 2009 am Wettbewerb um den Zeitzeugenpreis Berlin-Brandenburg beteiligte, bisher Beiträge in zehn weiteren Anthologien und zwei Gedichtbänden.

Clausnitzer, Joshua

Der Autor wurde 1994 in Bonn geboren und machte im Jahr 2013 das Abitur im Konrad-Adenauer-Gymnasium in Meckenheim, wo er auch heute lebt. Seit 2019 ist er Mitglied im Verband Deutscher Schriftsteller und Dozent im Bereich „Literatur und Kreatives Schreiben" der VHS Köln, seit 2021 Juror beim Schreibwettbewerb des Blogs Q5. 2020 und 2021 erhielt er jeweils ein Stipendium des Landes NRW für Künstler/innen. Er kann bereits auf mehrere Publikationen verweisen: „Spiele der Wörter" (2017), „Worte ohne Grenzen" (2018), „Wer schreibt denn sowas?!" (2020). Kontakt: facebook.com/joshclausnitzer, instagram.com/joshuaclausnitzer.

Mit dem hier präsentierten Text erreichte Joshua Clausnitzer den zweiten Platz im Frieling-Literaturwettbewerb 2021.

Fischer, Regina Franziska (geb. Pollok)

1951 in Herford geboren, besuchte die Autorin das Gymnasium in der Wittekindstadt Enger. Ausbildungen zum „Industriekaufmann IHK" und zur Fremdsprachenkorrespondentin Englisch folgten sowie ein erfolgreich abgeschlossenes Belletristik-Studium; siehe dazu auch den Eintrag im Deutschen Schriftstellerlexikon. Sie ist verheiratet und lebt als freie Autorin und Schriftstellerin in Bielefeld. Als Mitglied der DHG, Hamburg (2005-2016), und der Österreichischen Haiku-Gesellschaft, Wien, widmet sie sich der hohen Kunst der japanischen Kurzlyrik (zwei eigene Bände mit Archivierung im Deutschen Literaturarchiv, Marbach, 1. Preis Haiku-Wettbewerb DHG, 2014). Im Jahr 2015 wurde sie auch Mitglied im Verein Österreichischer Schriftstellerinnen und Künstlerinnen, Wien. Ab 2017 ebenfalls Mitglied im TEA Tagebuch- und Erinnerungsarchiv, Berlin. Fast fünfunddreißig Jahre lang unterstützte sie als Mehrfachpatin die Dritte Welt für World Vision, Frankfurt (Ehrenurkunde). Ferner ab 2017 Schutzengel-Patin für zwei weitere Projekte in der Dritten Welt bei Missio e. V., Aachen.

Regina Franziska Fischer veröffentlichte elf eigene Bücher. Während ihrer Brustkrebserkrankung 2007 entstanden fünf Lyrikbände. Ihr Buch „Lichtertore" hat dem Vatikan vorgelegen. Der darin enthaltene Artikel über Sterben auf Intensiv ihres Vaters Peter Paul Pollok – „Dies ist kein Menschenland" – hat tausendfach berührt. „Ein Stück Himmelszelt" (2012) beinhaltet ihr lyrisches Gesamtwerk. Sie nahm mit ihren feinfühligen, tiefsinnigen Texten, geprägt auch von christlicher Nächstenliebe, an unzähligen Anthologien teil, darunter inzwischen an siebenunddreißig Frieling-Editionen: Welt der Poesie 2012, 2013 (erstes deutsches Papstgedicht), 2014, 2015, 17., 18., 19., 20. und 21. Edition, Auslese zum Jahreswechsel 2012/13, 2013/14, 2014/15, 24., 25., 26., 28., 29. und 30. Edition, Ly-La-Lyrik 2013, 2014, 2015, 26. und 27. Band, Prosa de Luxe 2013, 2014 und 2015, Die großen Themen unserer Zeit 2016, 2017, 2018, 2019, 2020 und 2021, Wenn Worte blühen, Bände 1, 2, 3 und 4 sowie Damals war's, Bände 23 und 24. In der vorliegenden Anthologie präsentiert sie weitere lyrische Werke sowie eine Fotografie und ein selbst gemaltes Ölbild aus ihrer umfangreichen Sammlung als Künstlerin.

Friedrich, Paul

Der unter diesem Pseudonym schreibende Autor, Dr. med. Willi Sippel, wurde 1944 in einem kleinen Dorf des thüringischen Kreises Mühlhausen geboren. Er studierte in Jena und Erfurt Medizin und promovierte zum Doktor der Medizin. Danach absolvierte er seine Facharztausbildung für Chirurgie und arbeitete anschließend in seinem Beruf. Seit 1990 ist er in Mühlhausen als niedergelassener Arzt tätig.

Von Paul Friedrich erschienen die Bücher „Wendesplitter. Erfahrungen eines Lebens zwischen Ost und West" (Frieling-Verlag, Berlin 2001, ISBN 978-3-8280-1445-9) und „Dr. Simons Plaudereien" (Reinhold Kolb Verlag, Mannheim 2003). Weitere literarische Beiträge aus seiner Feder wurden in diversen Anthologien veröffentlicht, darunter in einundzwanzig Frieling-Sammelwerken. Im vorliegenden Band gewährt er in zwei ganz unterschiedlichen Texten Einblick in sein Leben.

Geis, Denise

Die Autorin wurde 1978 in Halle/Saale geboren und erlernte den Beruf der Bürokauffrau. Ihr Wunsch, sich noch einmal beruflich zu verändern, wurde damals von einer Erkrankung durchkreuzt. So wurde ihr Leben immer wieder von Hochs und Tiefs geprägt und die Fragen „Wer bin ich? Und was will ich?" wurden stetige Begleiter. Nach Stationen in Ostfriesland, Aachen und der Altmark – wo sie sich selbst jeweils immer besser kennenlernte – lebt sie heute mit ihrer Familie wieder in der Nähe von Aachen, hält ihrem Mann, einem Pfarrer, den Rücken frei und kümmert sich um den 11-jährigen Sohn sowie drei liebenswerte, verrückte Dackel.

Denise Geis zeichnet und schreibt sehr gerne – Kreativität gibt ihr Halt und hat ihr gerade in den letzten Jahren sehr geholfen. Unter einem Pseudonym nahm sie am Lyrik-Wettbewerb 2021 des Frieling-Verlags teil. Die Veröffentlichung ihres Gedichtes in dem Band „Wenn es dunkel wird in mir" (ISBN 978-3-8280-3644-4) war ihr literarisches Debüt. Es folgte die Veröffentlichung eines Prosatextes in „Auslese zum Jahreswechsel" (30. Edition). Mit dem im vorliegenden Band präsentierten Text erreichte die Autorin den ersten Platz im Frieling-Literaturwettbewerb 2021.

Goworko, Marta

Die aus Stettin, Polen, stammende Autorin lebt seit 2015 in Deutschland und arbeitet als Landschaftsarchitektin.

Marta Goworko schreibt bereits, seit sie sich erinnern kann. Ab ihrem fünfzehnten Lebensjahr war sie mit dem Stettiner Theater Rękodzieło der Schauspielerin Nina Grudnik verbunden, und während des Studiums trat sie dem Amateurtheater Mandragora von Arkadiusz Telesiński bei. Nach dem Umzug nach Deutschland verfasste sie mehrere Artikel für die deutsch-polnische Zeitschrift „Unter Frauen". In dieser Zeit holte sie auch ihre Gedichte aus der Schublade und begann, sie der Welt zu zeigen. Vor zwei Jahren trat sie auf Einladung von Krzysia Bezubik einer literarischen Gruppe bei. Seitdem widmet sie sich mit neuer Begeisterung dem Schreiben. Neben Gedichten in deutscher und polnischer Sprache verfasst sie Drehbücher und Kurzgeschichten. Werke von ihr erschienen 2021 in der Frieling-Anthologie „Welt der Poesie".

Helmer, Thomas

Der Autor wurde 1962 in Hamburg- Barmbek / Uhlenhorst geboren. Seit 1990 lebt und arbeitet er Oberbayern zunächst in Bad Tölz und seit 2002 in Waakirchen.

Thomas Helmer (E-Mail: thelm@web.de) ist redaktioneller Mitarbeiter der Evangelisch-Lutherischen Gemeindebriefe der Gemeinde Bad Wiessee/Oberbayern. Im Frieling-Verlag erschienen literarische und publizistische Texte aus seiner Feder in bislang 30 Sammelwerken. Einige von ihnen wurden an einem oberbayerischen Gymnasium im Ethik- und Religionsunterricht behandelt. Des Weiteren schuf der Autor einen Bildband über die Partnerstädte Bad Tölz und Vichy und deren Umgebung (2001) und erstellt Titelblatt-Fotografien für den „Gemeindeboten" von Waakirchen. In der Edition AVRA des Frieling Verlages erschienen die Bände „Das Fenster zum Leben" (2019), „Der Redaktor" (2020) sowie „Da Fuizl-Kalender" (2021). Im vorliegenden Band präsentiert der Autor zwei Gedichte, die den aktuellen Zustand unserer Gesellschaft kommentieren.

Kappes, Marc

Der Autor wurde 1985 in Wiesbaden geboren, machte eine Ausbildung zum Verwaltungsfachangestellten und arbeitet heute als Sachbearbeiter in einer Kommunalverwaltung.

Die Dichtkunst faszinierte Marc Kappes schon immer ungemein. Poesie ist seiner Überzeugung nach nicht nur der Mut zu Vers und Reim, sondern auch ein Glaubensbekenntnis für die Liebe zum Wort. Die ästhetischen Sprachkünste zu vereinen, nämlich die Dichtkunst mit ausdrucksstarken Wortschöpfungen als „Klangrede" zu verstehen, liegt ihm besonders am Herzen. Er sagt: „Mein Kopf ist ein Quell unerschöpflicher Ideen, und in Gedichten gedeihen sie unaufhaltsam. So möchte ich Anregungen geben, Fantasiegebilde und Traumsphären schaffen oder auch ganz einfach Menschen beherzt ein sanftes Lächeln auf die Lippen zaubern." Auch mit den beiden Gedichten in diesem Band lädt er dazu ein, sich vom Sog der Imagination verführen zu lassen!

Lingenhöl, Christina

Christina Lingenhöl entdeckte bereits zu Schulzeiten ihr Interesse an Gedichten und den Möglichkeiten der deutschen Sprache. Sie entschied sich jedoch dafür, eine Ausbildung zur Industriekauffrau zu machen. Sie schloss ihre Ausbildung ab und ist nun seit über zehn Jahren in ihrem Unternehmen. In ihrer Freizeit schreibt sie weiterhin Gedichte und Kolumnen und begeistert damit Freunde und Kollegen. Nach einer schweren Operation an Ober- und Unterkiefer beschloss sie, dass es nun an der Zeit war, ihr erstes eigenes Buch zu schreiben. Sie verarbeitete darin zum Teil ihre eigene Krankheitsgeschichte und füllte die Geschichte zusätzlich mit Liebe und Spannung. Weitere Ideen schlummern in ihrem Hinterkopf – und der Mut in ihr wächst, ihre Werke hinaus in die Welt zu schicken.

Masseli, Joanna

Melchert, Günther

Der 1936 in Köln geborene und dort lebende Autor war als Beamter, Industrieangestellter, Personalleiter, Arbeitnehmerberater und Mitarbeiter der Gewerkschaft Erziehung und Wissenschaft (GEW) tätig.

Günther Melchert ist Mitglied des Verbandes deutscher Schriftsteller (VS) und Gründungsmitglied der Kölner Literaturgruppe 78; er war Mitarbeiter des Werkkreises Literatur der Arbeitswelt und Vorstandsmitglied des Förderzentrums „Jugend schreibt". Sein Schaffen umfasst fast alle literarischen Formen: unter anderem Romane, Erzählungen,

Theaterstücke, Hör- und Fernsehspiele, Straßenszenen, Bildergeschichten, literarische Comics, Aphorismen und Gleichnisse. Darüber hinaus hat er am Kölner Literaturtelefon teilgenommen. 1987 erschien sein Erzählband „Die Uhr mit dem Tick". Weitere Werke wurden in Zeitschriften und Anthologien des In- und Auslandes veröffentlicht, darunter in 103 Frieling-Sammelwerken. Zudem betätigte er sich als (Mit-) Herausgeber, Übersetzer und Lektor. Im vorliegenden Band präsentiert er zwei ganz unterschiedliche Geschichten, in denen Wölfe zentrale und transzendentale Rollen spielen.

Molzen, Jürgen

Der Autor wurde 1943 in Berlin-Wedding geboren. Zu schreiben ist ihm schon seit seiner Jugend Bedürfnis. 1991 erschien im Frieling-Verlag das Buch „Geständnisse und Irrtümer. Von der ersten Mode bis zur ‚Zeitfrage', Aphorismen und Gedichte". Seit 2013 ist er Gründungsmitglied des Vereins „Poeten vom Müggelsee" e. V./Friedrichshagener Verswerkstatt. Im Köpenicker Kunstkalender 2022 (mit Holzschnitten der Künstler/-innen der Galerie Grünstraße) ist er mit seinem Gedicht „Deinetwegen" präsent. Im November 2021 hatte er zusammen mit den Poetinnen Anke Apt und Dagmar Neidigk das Vergnügen, aus Anlass des 80. Geburtstages des Dichters Dr. Horst Jürgen Peter Miethe im Gerhart-Hauptmann-Museum Erkner die Lesung „Mit tausend Dingen reich beschenkt …" erfolgreich mitgestalten zu dürfen. Jürgen Molzen betätigte sich auch als Herausgeber der „Welt der Poesie", 21. Edition. Eines seiner bekanntesten Gedichte: „Irrtümer / Kolumbus irrte einmal nur / und wurde weltbekannt. / Ich irre mich in einer Tour / und werde nie genannt."

Orlowski, Klaus-Leo

Der Autor wurde im April 1941 in Altweichsel (heute Stara Wisła) geboren. Nach Flucht und drei Jahren in einem dänischen Flüchtlingslager kam er 1948 mit Großmutter und drei Geschwistern nach Süddeutschland. In Riedlingen/Donau absolvierte er eine Schriftsetzerlehre. Nach dem Abitur am Stuttgarter Dillmann-Gymnasium studierte er in Aachen ein und in Berlin am Otto-Suhr-Institut (FU) fünf Semester politische Wissenschaften. Danach arbeitete er ein Jahr lang im Berliner Heenemann-Verlag. Von 1966 bis 2002 war er im Hohenloher Druck- und Verlagshaus Gerabronn als Hand- bzw. Maschinensetzer tätig; später wurde er Fotosetzer und Korrektor.
Texte von Klaus-Leo Orlowski, der bereits während der Schulzeit literarisch aktiv war, erschienen unter anderem in der lokalen Presse sowie in 23 Sammelwerken des Frieling-Verlages.

In vorliegender Anthologie feiert der Autor die Schönheit der russischen Sprache, die ihm sehr am Herzen liegt.

Pawel, Alicja

Alicja Pawel wurde 1982 in Polen geboren und zog später als Wirtschaftsflüchtling mit ihren Eltern nach Hamburg. Dort studierte sie Germanistik an der Universität Hamburg und arbeitete anschließend in der Werbebranche. Mit 27 Jahren zog sie nach Berlin, gründete dort ein Modelabel, besuchte eine Schauspielschule und bekam Kinder. Nach einigen einnehmenden Jobs hat Alicja Pawel den Entschluss gefasst, sich komplett dem Schreiben zu widmen, und arbeitet aktuell an einem Buchprojekt, das ihr sehr am Herzen liegt.

Quinius, Maria

Maria Quinius wurde 1988 geboren und wuchs in Greifswald auf. Neben dem Schreiben gilt ihre Leidenschaft der Musik und der Kunst. Die Autorin ist verheiratet und lebt mit ihrem Mann in ihrer Heimatstadt. Sie verleiht jedem einzelnen ihrer Verse enorm viel Kraft und stößt etwas in uns an. Im Frieling-Verlag erschienen ihre Werke „Ein Satz Erfahrungen" (ISBN 978-3-8280-3459-4) und „Ernst denkt: ‚Heiter'" (ISBN 978-3-8280-3530-0) sowie Beiträge in den Anthologien „Welt der Poesie" (19. Edition), „Mütter und Töchter", „Wenn Worte blühen" (Band 3).

Sanders, Evert

Der Autor wurde 1941 in Wuppertal geboren und lebt heute in Rellingen (Schleswig-Holstein).
In seinem literarischen Schaffen widmet sich Evert Sanders insbesondere den Kulturen und Religionen des Nahen und Mittleren Ostens. Im Frieling-Verlag erschienen Texte aus seiner Feder in insgesamt vierzehn Ausgaben der Sammelwerke „Ly-La-Lyrik" (1996, 1997 und 2017), „Prosa de Luxe" (1996, 1997, 2011, 2016, 2017), „Die großen Themen unserer Zeit" (2005, 2010), „Wenn Worte blühen" (2018), „Auslese zum Jahreswechsel" (2018, 2020) und „Welt der Poesie" (2021). Außerdem übertrug er das Werk „Sonntagsgebete und begleitende Bilder im liturgischen Jahreskreis C (2012-2013)" von Giovanni Mazzillo ins Deutsche. In der Buchwerkstatt Berlin erschien „Hoffnung und Gewissheit. Ein farbenfroher Wegbegleiter durch das Jahr". In vorliegender Anthologie präsentiert der Autor ein allegorisches Märchen.

Schleicher, Siegfried

Der Autor wurde 1953 geboren und war knapp 40 Jahre als Lehrer an einem Berliner Gymnasium tätig. Er unterrichtete die Fächer Deutsch,

Geschichte, Politikwissenschaft sowie Darstellendes Spiel. In den 1980er-Jahren begann er mit ersten literarischen Versuchen. Seit 2017 hat er das Schreiben – auch mit dem Ziel, Texte zu veröffentlichen – intensiviert. Bisher standen dabei Experimente mit lyrischen Formen im Fokus seiner Schreibinteressen, und zwar mit den Themen-/Motivschwerpunkten Alltag, Großstadt, Jahreszeiten, Natur. Mittlerweile hat sich die Textproduktion um epische und essayistische Darstellungsformen erweitert. Seit 2019 sind Texte des Autors in verschiedenen Anthologien des Frieling-Verlages (u. a. „Welt der Poesie, Edition 19", „Auslese zum Jahreswechsel, 29. Edition") sowie in „Gedicht und Gesellschaft" (Frankfurter Bibliothek) und „EwigkeitsElysium" (Lorbeer-Verlag 2019) erschienen. Im Herbst 2020 hat der Autor den Gedichtband „Poems no Tweets" bei tredition veröffentlicht.

Schröder, Martin

Martin Schröder, geboren am 10. November 1924 in Sargen (Ostpreußen), musste als Fünfzehnjähriger 1939 bei Kriegsausbruch einen Hof mit 55 Hektar bewirtschaften. Der Vater war krank und wurde 1942 wegen angeblicher Erbkrankheit ermordet. 1942 zur Deutschen Wehrmacht einberufen, wurde der Autor in der Sowjetunion und Frankreich im Abwehrkampf eingesetzt. Die Zeit von April 1945 bis Januar 1948 verbrachte er als Kriegsgefangener in den USA und Frankreich. Er heiratete 1950 und hat drei Kinder. 1952 wanderte er in die USA aus und blieb dort bis 1955. Schröder übte verschiedene Berufe und selbstständige Tätigkeiten aus. Als Rentner editierte er die schriftlichen Erinnerungen seiner Schwester und gab die Schrift „Leben in Ostpreußen – Flucht und Wiedersehen" heraus. Beiträge von ihm erschienen in verschiedenen Anthologien. Außerdem publizierte er die Bücher „Ich glaubte ihnen allen nicht" (2009), „Von Halbwahrheiten zum Patienten Deutschland" (2016) und „Gott war nicht mit uns" (2018). Derzeit arbeitet Martin Schröder an seinen Lebenserinnerungen.

Schustereit, Hartmut

Hartmut Schustereit, geboren in Königsberg/Preußen 1940, ist Historiker und hat sein Studium mit der Promotion zum Dr. phil. abgeschlossen. Als wissenschaftlicher Mitarbeiter an einem historischen Forschungsinstitut publizierte er Monographien und Beiträge in Fachzeitschriften zur deutschen Geschichte des 20. Jahrhunderts (Weimarer Republik, Drittes Reich, Anfänge der Bundesrepublik Deutschland) sowie 1995 ein Gutachten zu „Vernichtungskrieg. Verbrechen der Wehrmacht 1941–1944". Seit Beendigung der beruflichen Tätigkeit arbeitet er freischaffend. Im belletristischen Bereich veröffentlichte er die

Werke „Machet die Tore weit" (1999), „Herbe Hiebe, schräge Schläge" (2006 und 2009), „Für das Leben gelernt?" (2008), „Der launische Amor" (2009), „Es kommt der Herr der Herrlichkeit" (2015), „Der Turmherr", „Lehrjahre" (beide 2017) und „Felix, der Glücksmensch" (2020). Darüber hinaus publizierte er den Erfahrungsbericht „Der Forschungsfreiheit eine Gasse!" (2020). 2019 war er zudem Herausgeber der Anthologie „Reise, reise!", Ausgabe 24.

Schwenk, Roswitha Charlotte

Die Autorin wurde 1943 in Landeck, Pommern, geboren und lebt heute in Reutlingen. Sie schreibt Lyrik, Aphorismen und Kurzgeschichten für Kinder. Als Reutlinger Autorin veröffentlichte sie in vielen Lyrik-Anthologien und publizierte ihren eigenen Gedichtband „Zeitzeichen".

Tem, Dahee

Die Autorin ist verheiratet, Mutter zweier Kinder und lebt in Ostdeutschland. Im Frieling-Verlag erschienen Beiträge von ihr in den Anthologien „Wenn Worte blühen" (Band 4) sowie „Die großen Themen unserer Zeit" (29. Ausgabe). Im vorliegenden Band präsentiert sie zwei Gedichte.

Watzke, Roland

Der Autor wurde 1955 in Dessau geboren. Nach dem Studium der Chemie an der Staatlichen Universität Woronesh war er von 1978 bis 1993 in der Filmfabrik Wolfen in unterschiedlichen Funktionen tätig. 1985 promovierte er an der Technischen Hochschule Merseburg. Von 1993 bis 2011 war der Vater zweier mittlerweile erwachsener Kinder geschäftsführender Gesellschafter der Amykor GmbH.
Im Frieling-Verlag erschienen von Roland Watzke der Gedichtband „Nur langsam jene Schatten weichen ... Tagebuch eines Dichters" (2008, ISBN 978-3-8280-2651-3) sowie Gedichte in der „Ly-La-Lyrik" der Jahre 2009, 2015 und 2017, in der „Welt der Poesie" 2015 und in „Wenn Worte blühen" (2018, 2019, 2020 und 2021). In der Buchwerkstatt Berlin erschien der Erfahrungsbericht „Die Begrünung des Mondes ... und andere Ungereimtheiten" (2016, ISBN 978-3-940281-95-1).

Windecker, Wolfgang A.

Der Autor wurde 1949 in Frankfurt am Main geboren. Nach einem Studium der Wirtschaftswissenschaften in seiner Heimatstadt legte er das Examen als Diplom-Handelslehrer ab und ging dann an eine berufsbildende Schule in Alfeld/Leine, Niedersachsen, wo er bis zu seiner Pensionierung als Oberstudienrat tätig war.

Im Frieling-Verlag erschienen von Wolfgang A. Windecker die Romane „Fußballerküsse schmecken bitter" (1993) und „Anna Maria: Der letzte Kampf einer einsamen Frau" (1995), der Erzähl- und Gedichtband „Der alte Mann und der Fußball" (2001) sowie weitere literarische Texte in 79 Sammelwerken. Darüber hinaus wurden von ihm der Roman „Der große Bär muß sterben" (1988) sowie die Gedichtbände „So gesehen" (1989) und „Ganz in der Nähe" (1992) publiziert.

Zagrajewski, Inna

Die in Saratow (Russland) geborene Autorin absolvierte die Moskauer Hochschule für Chemie und die Musikfachschule beim Moskauer Konservatorium, promovierte und war als Dozentin für Chemie tätig. Seit 1997 lebt sie in Bayern.

Neben ihrer naturwissenschaftlichen Laufbahn verfolgte Inna Zagrajewski konsequent ihre Entwicklung als Musikerin, Dichterin, Schriftstellerin und Dramaturgin. Seit 1963 wurden Werke aus ihrer Feder veröffentlicht. Sie war Mitglied des Schriftstellerverbandes der Stadt Moskau und ist heute Mitglied im Verband deutscher Schriftsteller. Heute wirkt sie auch als Übersetzerin klassischer Poesie und schreibt in deutscher Sprache. Im Frieling-Verlag erschienen von ihr die Lyrikbände „Frühlingsschatten" (2001), „Helden der Bühne" (2002) und „Drei Poeme von Tieren und Menschen" (2003) sowie Gedichte in siebenundzwanzig Anthologien und einem Autorenkalender.